JN085952

ふたりだけれど、
ひとりずつ。
平岡さんご夫妻は
一緒に別々の
ものづくりを
しています。

平岡あゆみさん、健一さんご夫妻に初めてお目にかかったのは「Pois É」の展示会のお誘いをメールでいただいたからでした。あゆみさんを先に書かせていただいたのは、メールの主があゆみさんだったからですが、おふたりの均衡が世間のご夫婦とは少し違っている氣がしたのもこう書かせる装置だったのかもしれません(とはいえ世間などはどこにもなく、みなさんそれぞれなのですが)。健一さんを主体に感じさせる「普通」とはちょっと違う氣がしました。

「Pois É」はブランド名です。どんな意味があるのか、平岡さんに尋ねてみると。

「Pois É(ポイズ・エ)という名前は、エリス・レジーナとアントニオ・カルロス・ジョビンの『ELIS & TOM』というアルバムに入っている曲からとりました。とても好きなアルバムで20代の頃からずっと聴き続けています。「そうですね」という同意を表す言葉ですが、この曲では否定的なニュアンスでの「同意」でしょうか……愛の終わりを歌った曲です」とのことです。

この話を伺う前のぼくの想像はまったく違いました。英語で「poise」の意味を調べました。というのはいただいた名刺のロゴが「poise」に読めたからです。

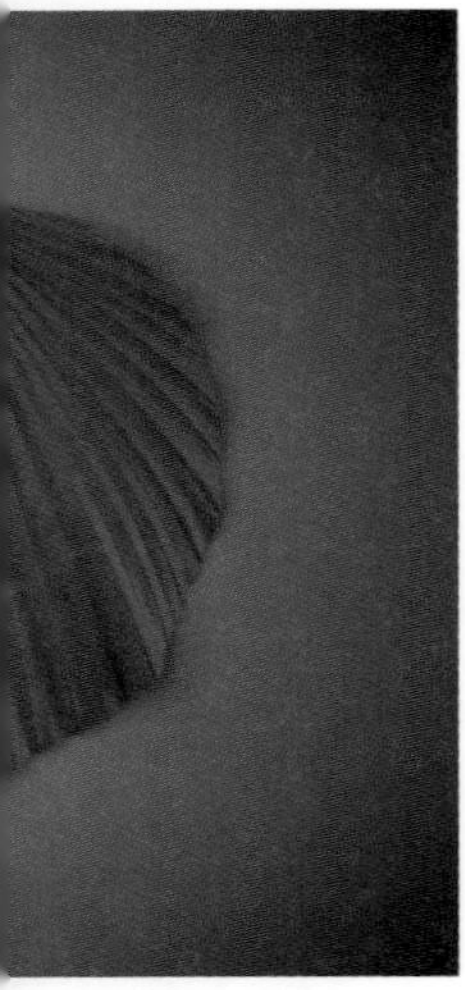

語源は「重さを測る」ことのようで、そこから「釣り合い」とか「安定」という意味や「落ち着き」という意味に派生していくようです。この「落ち着き」が意外と重要な氣がします。「安定」の先にある大人っぽい安定感が「落ち着き」だと思うからです。何が起こってもどっしりと落ち着いているような、そんなゆとりも加わっている言葉に「poise」は感じられます。

その均衡はどちらかが重かったり、主体であったりする訳ではなく、バランスの良さを感じるのです。ブランド名とは関係なかったのだけれど、意外と推測から辿ると面白いほど、おふたりの存在感と重なります。そして、伺ったお部屋の空間もどこか「落ち着いている」のです。

その展示会で初めて会ったときからなんとなく暮らしの断片のようなものが氣になってしまいました。ご夫婦で同じ部屋で一緒に別々のものをずっとつくっているということも氣になりました。とてもすっきりとした暮らし方をされていると思ったからです。

あゆみさんがつくる帽子からも感じられる、どこか水の中にいるような清潔感というのか、もっと浄化されている透明感とでもいうのか、

ご自宅兼アトリエに伺ってみると、なんだか期待通りというか、空氣の澱みがなく、無駄なものがない暮らしを感じました。

良い佇まいなのです。

無駄なものがないから、逆にこだわることができる、という感じなのですが、これは文章で説明するのは難しい……。おいおい書き進めていくとその感じを文章で描き出せるのかもしれません。

展示会で見た帽子に清潔感というか、春夏物だったからかもしれませんが、爽やかな空氣を纏っていると感じたのです。

一軒家の二階の一室が工房といいますか、アトリエといいますか、作業される場所です。

展示会のときにお話をしていて、ぼくは勝手に「背中合わせでものづくり」というタイトルのページにしようと思っていました。だけれど、お部屋を拝見すると同じ方向を向いての作業風景でした。（見当違いとはこのことでしょう）

どこから話を書いたものやらですが、まずはおふたりの生活のタイムスケジュールを書かせていただきます。

おふたりの起床は健一さんがだいたい朝は四時くらい。あゆみさんは五時くらいだそうです。

五時には珈琲とパンというシンプルな普通の朝食をとります。そして食べ終わるとだいたいそのあと一時間半くらいはふたりでお茶を飲みながらゆっくり本を読んだり、音楽を聴いたりするそうです。

七時くらいから作業の準備に取り掛かります。といってもゴミを出したり、洗濯をしたり、掃除をしたり、花に水を上げたりするわけです。

八時にはものづくりの作業を開始します。

あゆみさんは帽子をつくり、健一さんはコサージュをつくる。

健一さんは壁に向かって机があるので、壁に向かっての作業です。あゆみさんは作業台で帽子をつくります。ミシン作業など一部の作業であゆみさんは窓側を向くこともあります。そのときはまさしく背中合わせ、なのですが、普段は壁に向

かう健一さんと作業台に向かうあゆみさんは同じ方向を向いてのお仕事になるわけです。

　黙々と、ですが、どこかユニットのように作業をなさっている姿もまた澱みのない感じがします。

　十時を過ぎたあたりであゆみさんが「下に行きます」といって部屋から出られました。後でわかったのですが、昼食の準備でした。その昼食を撮影させていただきました。

　食事も贅沢なものを食べるわけではないのですが、材料は、生協で週一回の配達があります。足りないものは「地元」のお店で。お茶や嗜好品は、体に良いものというよりも、「普通」に必要な材料だけでつくられているものを選んで買っていらっしゃるそうです。後述しますが、この姿勢は帽子づくりにも通じます。

　先ほど「無駄なものがない」と書きましたが、「無駄なものがないからこそ良いものにこだわることができる」ということもあると思います。そのお手本のように感じます。十時半くらいからはお昼ご飯です。

　十一時過ぎには昼食も片付けて、ここで少し休憩をします。お茶を飲んで、少し甘いものを食べて寛ぎます。

　さて、休憩するとまた作業の続きをしていきます。十七時になると区切りの良いところでその日の作業を終了して、散歩に出かけたりするそうです。

　かつては「一週間まったく外に出ていなかった!」って氣づくことがあったそうです。作業に没頭するとそうなるのですね。今は、毎日少しでも外にでるように意識していらっしゃいます。

　あゆみさんの帽子づくりは全行

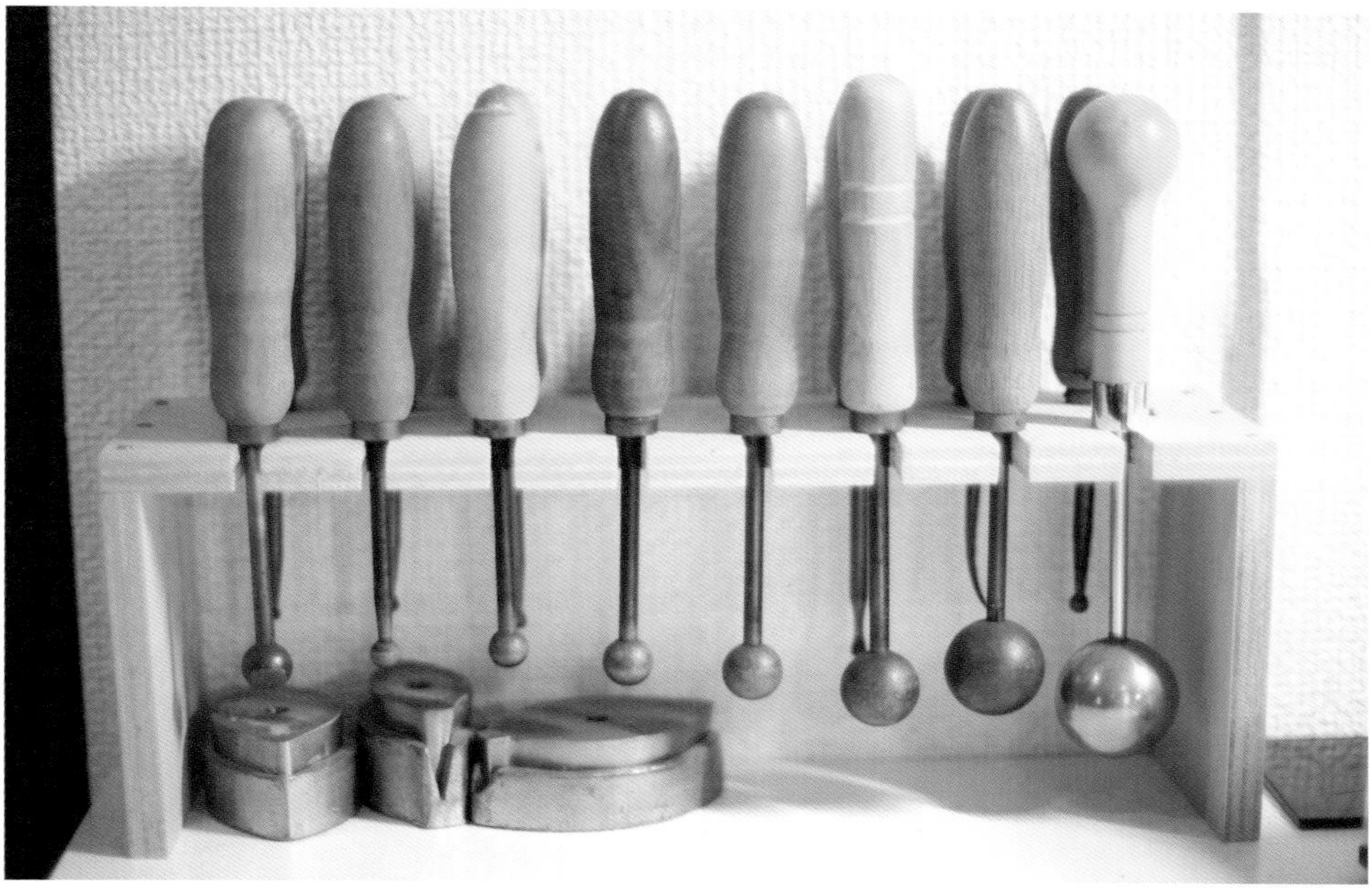

程をおひとりでつくっています。同じような工程があるとそれを続けていくこともあるのか(つまり、同じ縫い物の作業ばかりをいくつも続けていくこと)と聞いてみました。

「ひとつの帽子をつくり始めるとそれを完成までつくりきります」とシンプルなお答え。ひとつひとつの帽子ができあがるまではそれに集中するというわけです。

「帽子の材料は、主に天然素材を使い、糊入れ(帽子を形成するため)の糊も水溶性のものを使用しています」食べ物のお話と繋がっている氣がします。

先ほど無駄なものがないからこそ良いものにこだわれる、と書きましたが、帽子にも同じ思いを込めてつくっていらっしゃるのです。使われている洗濯用の石けんや漂白剤にもそれが表れています。粉石けん、セスキ炭酸ソーダ、重曹、クエン酸、酸素性漂白剤で洗っていらっしゃいます。

一方、健一さんのコサージュですが、一輪一輪、やはり、最初から最後まで自分の手でつくっています。コットンの生地を糊で張り合わせるような作業は多少まとめてするそうですが、あゆみさんの帽子と同じでひとつずつをつくり上げていきます。材料は他に羽二重(シルク)や麻を使っていらっしゃいます。

コンロで熱したコテをクイクイと動かしながら、コットンの生地を花びらのように丸めていきます。接着剤で一枚一枚の花びらを重ねていくといつの間にか花一輪になっているのです。

健一さんは「少人数のオートクチュールの花の教室に通っただけで、あとは独学なのでこれが正しいの

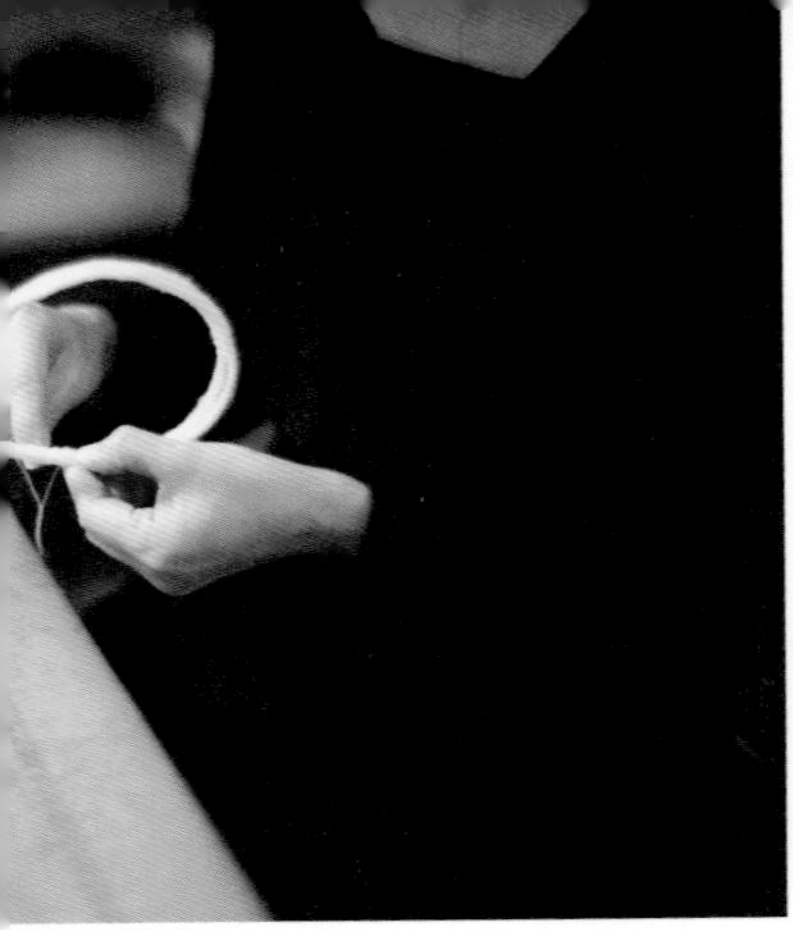

かはわかりません」とおっしゃいます。ですが、物づくりには正解の筋道などないと思います。人それぞれのやり方でできたものが美しければ、それを欲しい人がいるのであれば、どんなルートを辿っても良いのだと思っています。ビートルズの「The Long and Winding Road」のようにどんなに曲がりくねっていてもあなたのドアに辿り着くのですから。

あゆみさんもどこかの工房に勤めて修行したことはなく、帽子教室に通って、自分で工夫しながら続けてきました。その道のりもまた面白くて。最初はコースターを縫って、ティーマット、ミトン、ティーコジー（ティーポットの保温の包み）などへと進化していきます。そして、バッグなどをつくり帽子へと行き着きます。行き着いたのかはわかりませんが。

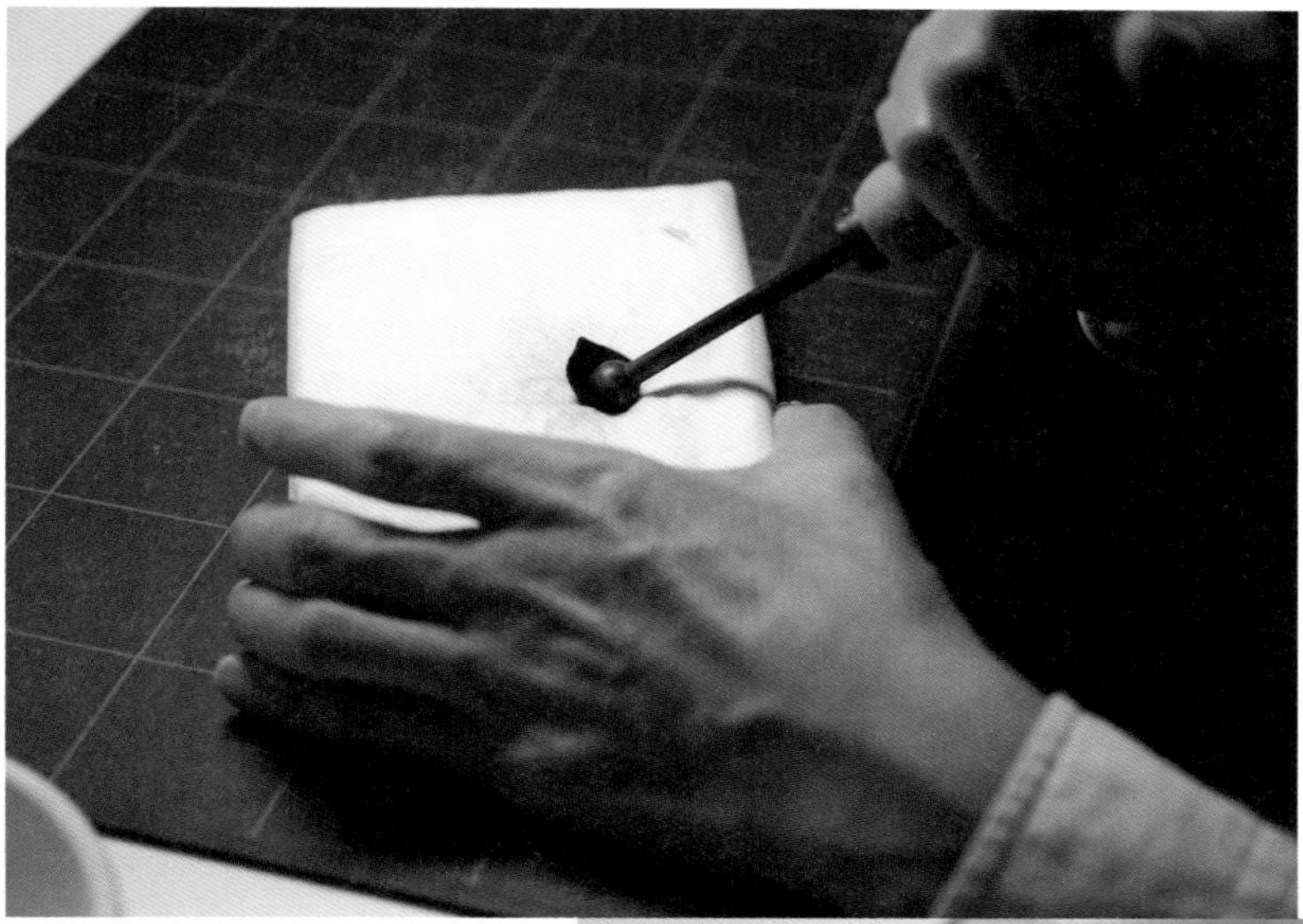

他に少しずつ洋服もつくられています。

おふたりのものづくりの場所を拝見したいと思い、今回の撮影となったのですが、「Pois E」を氣に入っていらっしゃるお店が「Zakka」だったり、知っている作家さんも愛用されていたりと共通項が多くありました。その方々の暮らし方もやはり「落ち着いている」と思いますし、風通しの良さそうな、多くのものを置かない暮らし方を想像させます。少し室内の温度が下がるような空間づくりなのです。

　また遊びに来ようと思います。ワインを一本手に持って。少し体に良さそうなヴァン ナチュールを持って行きます。いつ会っても落ち着いていられる方々ですから、落ち着きに伺いたいと思います。

平岡あゆみさんの
夏の帽子と
カチューシャと
平岡健一さんの
コサージュを
並べてみました。

母と娘（嫁）で森を開墾。心地良い空間を作り上げた！

―還暦からの目標実現。山本公美さんと陽子さんの物語―

文章を書くというのは実際に手を動かして書いている時間より、どう書き始めようかと考えている時間のほうが長いと感じることがある。この「どう始めようか」という段階は意外と厄介で、朧げな、まるでもやもやしたものを頭の中にいくつも浮かべては、弄んだり、対話してみたり、動かしてみたりしているのだ。それは言葉のときもあるし、なんとなくシーンが自分の脳裏をぐるんぐるんと巡っている感じのときもある。映像的とも言語的ともいえない、感触のようなもの。脳の中にある触手がにゅうっと伸ばして掴もうとしているときもある。

それは散歩をしているときにもやってくるし、ご飯を食べているときもやってくる。人と話をしているときにもやってくるし、酒を飲んでいるときに、気持ちの良い酔いをかき分けて覚醒した脳みそに訴えかけてくれるときもある。

何しろそれはとても漠然としたものなのだ。

正直な話、霞など食べたことはないが、まるで霞を食べているみたいなのだ。

だけれど、その霞が集まってくる。ぼくの頭の中で、整列をするというよりは霞が実体をもちはじめる。形とまではいえない。でもそれは確実にぼくの頭の中で光が与えられてくるのだと思う。そうする中で、霞はまるで進化した霞になる。白い何かとして認識できるほどになったといえばおわかりいただけるかもしれない。

その白い何かは、やがてぼくの中で明確な、雪の結晶の核が埃だったりもするように、霞にも塵みたいなものが核となり、ぼくにある種の形を見せはじめてくる。これがおそらく文章のある意味欠片となっていく。

この欠片という言葉を使ったのは

具体性ができてきていることに対してのメタファーといっても良いかもしれない。もやもやとした空気のような、水蒸気のようなものが少しずつではあるが、質量を持ち始めると言い換えても良いかもしれない。

もやもやとしたものがやがて、ぎゅっと固まってくる。このあたりから、ぼくはペンを手にしたり、パソコンのワードを開いたりするわけだ。そして試し書きのようなことをしたり、文章を手探りで見つけ出す。それはまるで欠片といっても良いような文にもならないものを書いたりもする。たとえ確実な形になってはいなくても、それは必要な、体にたとえるなら、柔軟体操のようなものなのかもしれない。

それは濃度を高めた何かでしかない。だが少しずつ文字になり、文章を形成し始める。まさにここまでが、この流れで書いたところなのである。

ちなみに900字を超えたようだ。

読者のみなさんには申し訳ないのだけれど、この文章をここまで引っ張っておいて、この文章は文章講座でもなんでもなく、ぼくが2022年の秋、羽田空港から小松空港に向かい、そして福井まで連れて行ってもらった話を書きたいと思って出てきた、ただの枕だ。

そして、これから書いていくお話の主人公もまた、ぼくとは違う形でもやもやがあり、その霞のようにできてきた漠然とした光景を現実にまで引き寄せる力を持った人だった。彼女もまた、この福井の特異性を表すかのような、「個」という存在の価値をうちに秘めているのだと思うのだ。

この話の主人公は、蒲鉾屋の娘として生まれたそうだ。その蒲鉾はいただくことができなかったが、その技術で作られた練り物の揚げ物は、シンプルだが、ちょっとやそっとでは真似どころか、足元に及ぶまでに時間がかかるほどに美味いものであった。おでん種というにはあまりに完成度が高く、単独でひとつの料理になってしまう存在感だった。

そんな主人公の名前は山本公美さんという。

彼女は20代からポーラ化粧品の訪問販売をし始めて、30歳のとき自宅を改装した実店舗を持つことになった。その後その化粧品販売のサービスであったマッサージの進化系として、エステティックをスタートさせる。エステティック専用の空間がなかったから、店舗で始めたという。

このエステティックサロンを始めたことがきっかけで、彼女のもやもやは始まったようだ。もしかしたら、もやもやというよりはメラメラとした炎、つまり彼女のハートに火を点けてしまったのかもしれない。「事務所という仕事の空間でエステティックを施術するのはつらい」という彼女の言葉には自分のつらさだけではなく、ある意味で高級感を含めた癒しの場としての機能ができていないことに対する「つらさ」だったと想像に難くない。

２００５年エステティックサロン「ポーラ ザ ビューティー」が彼女の所属する全国の化粧品会社で展開されていく。そのエステティックサロンを福井県で初めて開業されたのも山本さんだ。福井市内の目立つ場所に店舗を借りた。今までの自宅兼店舗から、ご自身のやりたいことにより近づけるための行動だったという。まるでローリング・ストーンズの「サティスファクション」を歌うかのように、満足できなかったのだ。

そしてその炎は突然、降りてくる。ぼくの書く文章とは少し違って、まるで映画のシーンのように山本さんの脳裏に焼き付いた。文字にして思ったのだが、まるでフランソワ・トリュ

フォー監督の『突然炎のごとく(仏題：Jules et Jim,「ジュールとジム」)』ではないか！と(笑)。

旦那さまのご実家の田んぼのお手伝いをしていたときだったという。広がる田園風景とその向こうの森を見ながら、「森の中でエステの施術をしたい。森の中にエステティックサロンがあったら、気持ちが良いだろうなぁ」と思ったのだ。それは「つらさ」を取り除く、最大の発想だった。

そして、動き始める。それも、還暦目前に。60歳からの次のことを始める。そのためにはとにかく思いの丈を口に出す。そう、言葉には言霊が潜んでいるというが、まさに彼女は言霊を吐き出していくのだ。

エステティックの親会社の北陸支部の担当者に話をする。その声は東京の本社にまで届く。そして、その本社の当時の社長にも声は響いていたのだ。

運も良かった。当時東京の本社には「何か新しいことをする部署」という不思議なチームがあったそうだ。そのチームが彼女の熱量をより増量させた。炎のように暑い、伝説の企画書として当時の社長に届けた。その社長は「将来のことを考えて、地域のこと、仲間のことを考えている、そこが良いと思ったから、応援しましょう」と言ったそうだ。

店舗戦略部という部署は既存のお客さまとは違う、新しいお客さまを見つけるためのものとして、彼女の森の中でエステティックサロンをしたいという考えがマッチしたというわけだ。

みんなが力を合わせて、応援してくれることが決まった。それは「モアプロジェクト」と名づけられた。ちなみに「モア」は山本久美さんの愛称でもある。

そして、この物語にもうひとりの

主人公が参加する。山本陽子さん。陽子さんは公美さんの家に嫁いできた息子さんのお嫁さんだ。東京で福井の仲間が集まるときに、偶然居合わせて、家が近かったにも関わらず、学校が違い、お互いを知らなかったことは引越しなどによるすれ違いだったことがわかり、言葉通り「距離を縮める」こととなり、やがて結婚に至った。

陽子さんの親御さんは東京から福井に帰ってきて欲しかったらしく、願ったり叶ったりの結婚だったようだ。

陽子さんはこの仕事を手伝う以前は病院で看護師をしていた。公美さんの「人生最後の仕事にこれがしたい」といった言葉に決意を感じたという。ここにも言霊はきちんと陽子さんに届いたのだ。

公美さんは陽子さんに手伝って欲しいとは言わなかったそうだ。もちろん内心では一緒にやりたいと思っていたに違いない。それでも公美さんは「国家資格を持ったしっかりとした仕事だから辞めさせるわけにはいかないと思っていました」という。だけれど、陽子さんは「家族の大きな仕事になると思ったから、私から手伝わせて欲しいと言いました」と話してくれた。公美さんはびっくりしたけれど、同時に心から湧き出てくる「喜び」を感じていたそうだ。そして、公美さんは「嫁ではない、娘をもらったと思っています。だから気も使わないですよ」という。

「モアの森」が平屋なのは陽子さんの思いからのこだわり。お互いの主張はきちんと尊重する関係なのだというのが随所から感じられるのも、おふたりの二人三脚が良い具合に凸凹していて合致するのがわかる。

それまでの看護師との仕事の違いを聞いてみる。「やってみて、離れすぎてはいないと思いました。特に辛いと

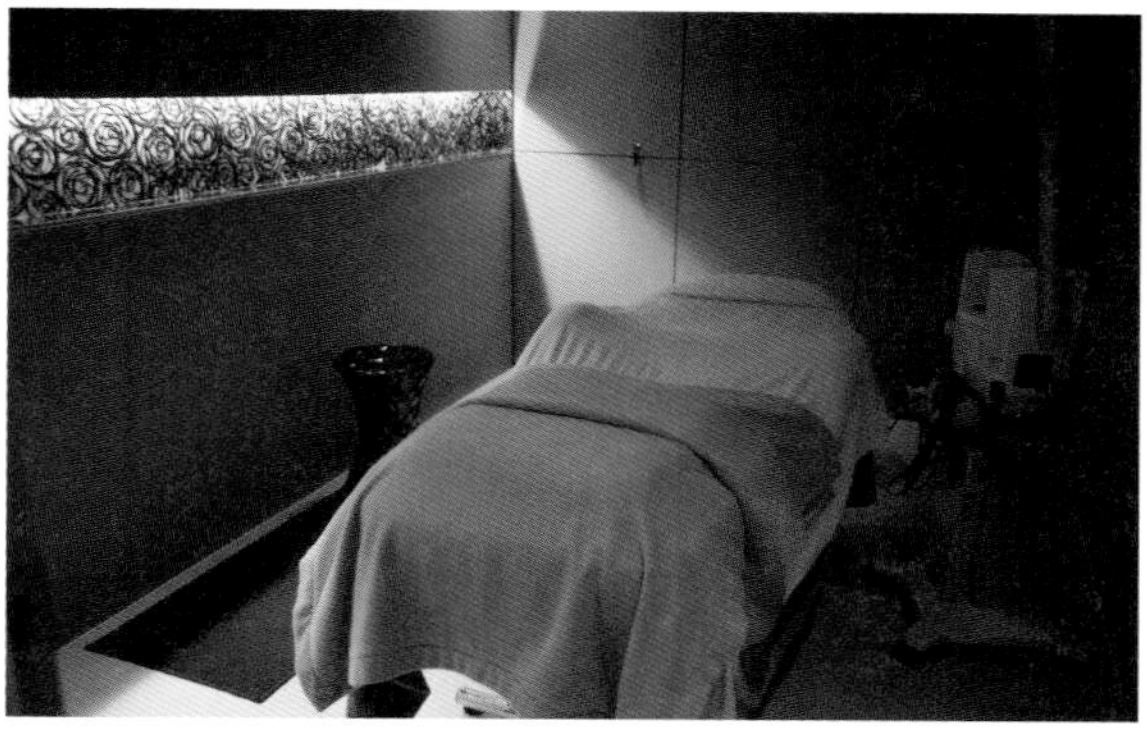

ころをさすってあげるのは看護師の大事な仕事のひとつです。エステティックで疲れている人を癒すのと似ていると思いました。エステティックは医療との橋渡しでもあると思っています。デコルテ、リンパ、血管のどこかにしこりや、痛みがある人がいると、ただ疲れているだけではないな、と感じます。そのときはお医者さんの受診をお勧めしています」

小松空港から黒龍酒造が運営する「ESHIKOTO」で九頭竜川の流れを見た。九頭竜川はどこかイギリスかスコットランドの田舎町の田園風景を想わせた。平地からそのまま川面につながるような風景と木と草の牧歌的な風景が悪くなかった。そこから一路「モアの森」へと向かってもらった。

車の窓を開けて、竹田川の流れが聴こえるのを楽しんでいた。「モアの森」に到着して、ドアを開けて、深呼吸すると草木の匂いが鼻から体に流れ込んできた。耳には竹田川の流れが小気味いいビートを感じさせ、耳に届く。そして、耳を埋め尽くすような小鳥たちの大演奏が聴こえてくる。建物の向こうには手入れされていない雑木林が目に入ってきた。夏になると蝉の声以外、何も聴こえなくなるほどだそうだ。

森に来たのだ。

建物に入る前に外を少し歩いてみる。川辺までの道があり、ところどころに花が植えられて、斜面を利用したイングリッシュガーデンのように感じられる。渓流のようだと思ったので、聞いてみると春には渓流釣りを楽しむ釣り好きが釣りを楽しみに来るそうだ。

「この土地に辿り着くまで、もう何箇所見たか、というくらい森に近い土地を見ました。最終的にここに決めました」というがそこでコロナ禍が全

世界を包み込んだ。「コロナも私たちにとってはいい時間をもらえたのだと思っています。家族で毎日、本当に毎日ここに来て、お弁当を持って、草むしりや木を切ったりしました。家族もこんな山の中なので、良い空気を吸いながらの作業でした。おかげでその分のお金も節約できました」と。そんな間に公美さんの息子さん、陽子さんの旦那さんは癌がわかったという。それでも休み休みで森の整備を手伝っていた。お子さんも、公美さんの旦那さんも来て、一家総出の大作業だったわけだ。

それはそれで楽しそうな話。

その甲斐あって、2021年の春、「モアの森」はオープンする。公美さんのもやもやした願いは本当にひとつの形となって、ここに実を結んだのだ。「モアの森」はこの風景全体を指す。エステティックをしてくれるのは「slow,」という。

「slow,」は全部で五画。これは「モア」の字も五画であり、公美さんのこだわりを陽子さんが最後の「,」に込めたという。決してピリオドではない。カンマの先はまだまだ文章が続くのだ。

取材の日にお見えなったお客さまに話を聞いてみた。

「日常とは離れたくても離れることはなかなか難しいものです。街の中で生活も仕事もしているけれど、それは日常の場所です。「モアの森」は来ることがない場所に来るという特別感がありますね。音を聴くということを知った場所でもあります。川の音、雨の音、天気でも季節によって違う音が聞こえてきます。日常から気分が離れられますよ。この場所で自分だけの時間を持つことがとても大事です。効率の悪さ、というのは実はゆったりとした時間をいただいた、ってわかりますね。良い豊かさ

を買っているのだと思います。冬は閉まってしまうのが残念です。雪景色の中でエステティックしてもらうなんて、素敵ですよね」

お客さまの中でも、尊い時間が「モアの森」で熟成されていったようだ。時間は有限だからこそ、自ら選んで、最良を求めなければ、手に入れることはできないのかもしれない。

百聞は一見に如かず。東京に戻る前にもう一度「モアの森」に連れてきていただいた。とても天気が良く、森に包まれ、草木の匂いを嗅ぎ、嗅覚が鋭敏になるのがわかる。小鳥の歌声と竹田川の流れが見事にマッチして耳を楽しませる。五感が刺激されるのがわかる。

エステティックをしたことがなかったので、体験させていただいた。

ほとんどの時間をどうやらイビキをかいて寝ていたようだ。だけれど、その微睡は深く暖かい海の底に連れて行かれたようだった。

心地良さは、森の持っている力なのだと思う。それは公美さんが農作業をしながら見た風景の再来なのだと思う。脳裏に焼き付いた風景をお客さまと共有する。現実に目の前にあるのだ。もちろん、公美さん、陽子さん、そして、このとき帯同してくださった松田よしえさんのお人柄もあって、本当に気を楽に過ごさせていただいた。これはお客さまへの心遣いが仕草になり、佇まいになっている。それは普段の接客と何ひとつ変わらない姿だったのだと思う。

最後に。この文章ではあえて「夢」という言葉を使わなかった。公美さんは幾度となく「夢」という言葉をおっしゃっていたのだけれど、ぼくには努力目標に聴こえた。夢は儚く消えることもある。公美さんは努力して手にいれたものだったのだと思った。

平尾香さんの逗子暮らしと
アイヌの絵本。

右は平尾さんが切り貼りで手づくりした絵本の原型。左が個展で販売した絵本。

知り合ってから何年も経つ人で、いつも困ったときや何かを始めるときに偶然会ったりして、それで助けてもらったり、一緒に何かをしたりする、そんな人は身近にいませんか？　その人は特に誰かのために何かをするというわけではなく、ところどころで小さなハプニング(決して悪いハプニングではない)があり、それが誰かの役にたっている、そんな人がいる。

そんなことを考えてみると人付き合いとか、人との縁とかいうものは不思議なものだと思ったりする。直接的ではないかもしれないけれど、とても今の生活の一部を支えてくれているような、そんな人がいるのだ。

平尾香さんはそんな風にいつもどこかに潜んでいて、ぼくが何かするときにアドバイスというか、なんだか不思議な助言、もしくは解読困難な暗号を残してくださる仲なのかもしれない。もしかすると彼女はとても懐が深くて、ぼくを寛容に受け止めてくれているだけなのかもしれないけれど。

出会いは以前女性誌の編集部にいたときにイラストというか絵をお願いしたことがきっかけだった。ぼくが見つけてきたわけではなく、編集部の誰かが見つけて、ぼくが最初にお願いした、という流れだった記憶がある。お酒が好きな方だったので、すぐに飲みに行きました(笑)。以来一緒に居酒屋巡りをしたり、原稿をお願いしたり、仲良しというわけではないけれど、機会があれば連絡を取るような感じ

アイヌの絵本の絵は木材に描かれた。

でときが流れている。

「PLEASE（この「This」は「PLEASE」からスピンアウトしたものです）」をつくると決めたすぐ後にある場所で平尾さんと偶然の再会があった。これも「邂逅」だったのだと思う。そのときスタイリストの伊島れいかさんを紹介してもらうのだが、その伊島さんから竹中直人さんを紹介してもらうというわらしべ長者状態に。それで竹中さんは創刊号から何度もご出演いただくことになったわけだ。

では「This」では何が？　となるわけだけれど、前号でご紹介したパステルをひとりでつくっていらっしゃる河内裕子さん。彼女からいただいたパステルでこの「This」の題字を描いているわけだけれど、その河内さんをご紹介くださったのが、これまた平尾さんだったわけ。偶然というか、平尾さんのシャーマン的なお導きになぜか誘導されている。

そんな平尾さんのアトリエを覗いてみたい、と思って、神奈川県は逗子まで訪問のワンデイトリップ。

平尾さんが描かれたアイヌの絵本の原画を観せていただいたり、制作風景を撮影させていただきながら、お茶を飲んだりと緩やかな時間を過ごさせてもらった。

一軒家でご主人とふたりで暮らしながら、その二階（階段を上

平尾さんのアトリエは陽当たりも良く、気持ちが良い。

がると目の前に水道の流しがあるという不思議な、でも絵を描く方にはピッタリな二階)の一部屋がアトリエだった。

先日個展をされていたのだけれど、そのときのテーマでもあったアイヌの絵本をつくるようになった経緯を聞いてみた。

「口述で伝えられてできたアイヌのお話しを絵本にしたいと思って、北海道の旭川に行きました。いろいろと旭川の人にもお話しを伺ったのですが、図書館で閲覧できた薄い冊子に印刷されたお話しに出会いました。冊子は高校の郷土部の研究資料でした。カラスの研究の一部で、当時の顧問だった福岡イト子先生が地元の上川アイヌの方から昭和四十一年に聴いて文章にしたものです」

ということだが、そこにまた新たな物語が隠されていた。

「いまの郷土部の顧問の本間先生は福岡先生が顧問をされていた頃の生徒だったそうです。いろいろとやりとりさせていただき、いまの部員さんにもこの絵本を手渡しすることもできました。本間先生が生徒だった頃が最後に、生きた話しが聴けたとのことでした。この当時の顧問だった熱心な福岡先生がいて、まとめられた生徒さんたちの資料は貴重ですね。生徒さんたちの研究発表は、アイヌの家を模型でつくったり、実際アイヌの方とお話しして体感する研究などです。図書館でこのお話しに出会えたのもシャーマン的なお導きと思って、もっと多くの人に伝わるカタチにすることが夢になりました」

「あさひかわアーティストレジデンスの滞在は三週間。乾いた空氣の六月の北海道。旅先のような新鮮な氣持ちの中、出会ったのは、アイヌのカラスのお話しでした。このお話しからイメージは膨らみ、自然に触れることで、現地での制作は進みました。作品は、旭川の産業である家具メーカーなどから提供していただいた端材にテンペラ画の手法で描いています。一部彫刻刀で彫る効果も加えています」

とのこと。そんな原画を観ながら、作業の様子を見ていた。

絵を描くことが一段落したところで畑をやっていらっしゃるというので、畑に向かった。キャベツ、パクチー、大根、ブロッコリーなどなどをつくっていらして、お裾分けをいただく。

平尾さんの農作業を見たら、家庭農園で野菜をつくるのも良いなぁ、と思い、最近本当に狭く陽当たりも悪い庭ですが、いく種類かの種を蒔いてみました。放っておくと雑草が生えて、それも元氣が良い。雑草が生えるだけの栄養がある土だと思うと、きちんと耕したり、肥料を無理

河内裕子さんの「BIG OIL PASTEL」も活躍。

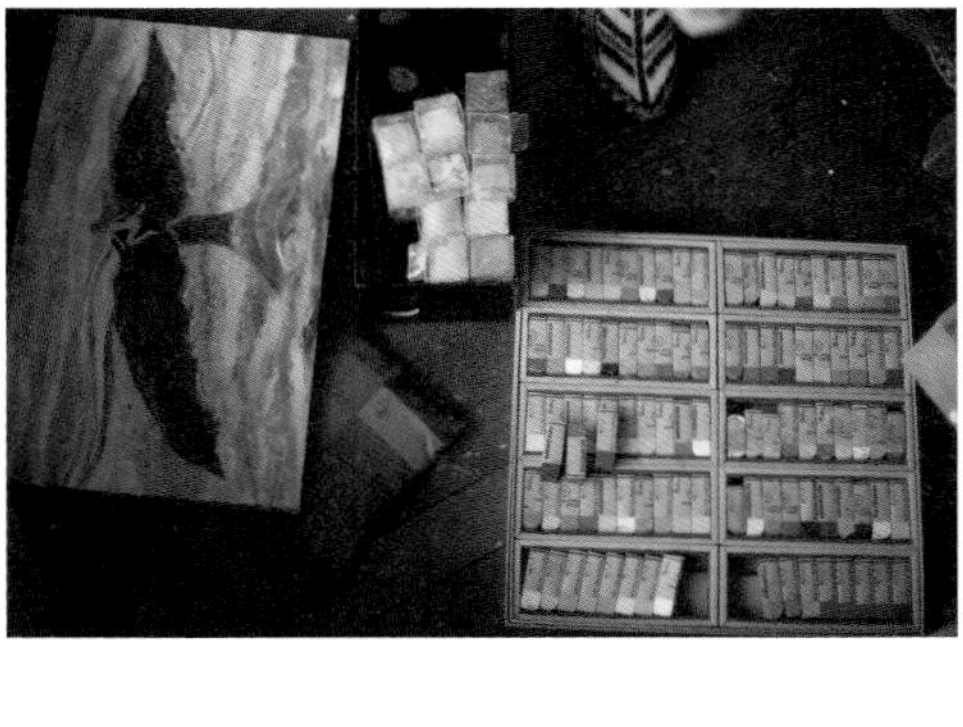

畑作業や漁港での寛ぎ、生活の断片も拝見。

にあげなくても良いのではないか？　と思うようになり、シャベルで軽く土をほぐして、種を蒔くだけで良い氣がした。（この続報はインスタグラムで投稿しますね。アカウントは「@this0515」です）

　この後野菜を持ってお昼に向か右ことに。海鮮物が食べられる海沿いの定食屋に連れて行ってもらった。その後、スタイリストの伊島れいかさんが合流。崖っぷちにあるカフェでビールを飲んで話をして。

　夕方になると漁港に行って、知り合いの漁師さんがいないかと覗いてみたけれど、その日はお休み。残念だったけれど、そこにビールを買ってきて、三人で夕暮れのひとときを楽しみ、そして、暗くなると鎌倉でもう一杯。

　さらにはギャラリー兼ダイニングバーにも連れて行ってもらった。

　結局、飲んでいるとそこに出会いがあって、また、何かが始まるような、そんな氣がする一日だった。

Cave
JESTIN

Cave de Mimiと 岡田悦和さんと ヴァン ナチュールのこと。

岡田悦和さんのことを話すにはまず、「ヴァン ナチュール」のことを語らないわけにはいきません。それがぼくとの出会いでもあるからです。

読者のみなさんは「ヴァン ナチュール」をご存知でしょうか？ フランス語で「Vin Nature」と書き、英語にすると「Natural Wine」、ナチュラルワインといわれたり、自然派ワインといわれたりします。「ナチュール ワイン」はフランス語と英語のミックスなのでこの呼び方はやめてほしいなぁと思います。みなさんご注意ください。

では、ヴァン ナチュールとはなんなのか？

とても単純にいうとなるべく人の手を加えず、自然環境を信じてつくられたワインというのが正しい氣がします。ヴァン ナチュールはジャンルや種類ではありません。むしろどこでも、どんな品種でもつくれるワインです。誰でもつくれるものではありますが、手間というか丁寧さを含めて、自然と向き合い、葡萄と向き合い、環境と向き合う必要があるつくりなのだと思っています。

まだ書き初めですが、閑話休題。

ワインは世界中のお酒の中で、唯一人間の手が入らなくてもできてしまうということをご存知でしょうか？ 何をいうんだ？ ワイナリーがあって、そこで醸造家がつくっているのがワインだろう？ と思うのも確かなことですが、ワインの起源の神話のような話の中に猿が葡萄の実を

噛んで潰して木の穴の中に隠していたらいつの間にかワインになっていたという話を聞いたことがないでしょうか？　ワインはまさしくそんな感じでもできてしまいます。蒸留酒（ウィスキーや焼酎やウォッカなど）は蒸留するために機械が必要になります。醸造酒（ワイン、日本酒、ビールなど）はそもそもの原料を発酵させることでできます。ただ、日本酒は米を蒸したりする作業が必要になりますが、ワインは葡萄自体が酵母を持っていて、実を樽の中でぐしゃぐしゃにするだけでもワインになっていくそうです。詳しくは長くなるので、この辺りで。閑話休題終わり。

　というわけで、ワインというのは自然にできるという可能性を秘めているわけです。そこでヴァン ナチュールです。先ほども申し上げたようにヴァン ナチュールはシャンパーニュのようなジャンルではありません。赤もあれば、白もあります。シャンパーニュ製法でつくられたワインもあります。白の葡萄を赤ワインのつくり方でつくったオレンジといわれるものもあります。それぞれのワインもまたヴァン ナチュールでなくてもワインとして存在もしています。

　何が違うのか？　極端な例で申し上げるのが良いのか、悪いのか判断つきかねますが、「葡萄畑に葡萄棚をつくること自体がヴァン ナチュールではない」といったのは岡田さんの師匠であり、ぼくをヴァン ナチュールの沼に見事に誘い込んだ勝山晋

作さん。日本にヴァン　ナチュールを楽しむことを教えてくれた親方みたいな方です。つまり、自然とは何か？　と考えて、無農薬、無化学肥料は当たり前。それ以上に葡萄の育つ環境から考え、農地に牛や馬、鶏なども飼い、葡萄はなすがままに育ち、その葡萄を葡萄がなりたいがままに(もちろん造り手の考えるワインの方向性はあると思います)葡萄の特性を生かしたワインづくりで生まれたワインです。「テロワール」といわれるその地域の特性を活かしたワインづくりも大切です。

ヴァン　ナチュールの中には「ビオディナミ」といわれる製法でつくられるワインもあります。これは月の満ち欠けで収穫などの農作業や醸造を始まるタイミングなどを決めていくやり方です。そういえば赤ちゃんも満月に産まれることが多いと聞きます。

ヴァン　ナチュールと呼ばれるものの多くは酸化防止剤(SO2)を使わない、もしくは極力使わないという造り手も多く、輸入ワインはこれを添加しないといけないようですが、そもそもSO2は葡萄が発酵するときに自然に出てくるものでもあるそうです。

ヴァン　ナチュールは地球環境にも優しくて、自分の体にも優しいものだと思っています。「自分に良いことは地球に良いこと」と思っている「This」とも相性が良いわけです。

そんなふうに人間と葡萄の対話でできたヴァン　ナチュールをかれこれ二十年くらい前に師

匠のような人（人生や編集の師匠です）から教えていただき、以来ファンになり、楽しく、美味しく飲んでいます。ここ数年は自宅で飲むワインはほとんどヴァン ナチュールばかりです。

　ここでやっと岡田さん登場です。岡田さんとは前職の新宿伊勢丹の「FESTIVIN(FESTIVALとVINをかけた店名)」で出会いました。すぐにいろいろ話すようになって、よく通っていたのです。あ、思い出したので、ここでまた閑話休題。「ヴァン ナチュールの選び方を教えてください」「どのヴァン ナチュールがおすすめですか？」という質問をされます。ですが、ヴァン ナチュールは「この地域のこの品種だから、こういう味わい」とかいうものではないと思っています。簡単にいってしまうとすべての造り手が個性的でかつ葡萄次第でどうにでもなってしまうワインだと思っています。だから、ぼくは岡田さんのような信用できる、というか、長年付き合っていると好みもわかってくれる人に頼ります。そういう人のおすすめを買うようにしています。ぼくの好みを知っているので、ぼく好みのワインを選んでくださいます。閑話休題終わり。

そんな岡田さんがワインショップを始めました。それがこの「Cave de Mimi」です。初台の「初台スーパー百貨店」なんてマニアックなところにオープンしました。このスーパーに関しては次号！　大きなガラス張りの店内には光がたくさん入ってきて、午後の時間のワインを有料試飲（廉価です！）でいただいていると背徳感もあり、外からは人が何氣なく見ているし、とても良い空氣感が漂っています。岡田さんのスタイルもさりげなくオールド感があるので、とても和みます。

　そして、伊勢丹のときとは違う、この町の雰囲氣にも合わせたワインのセレクトをしているのも特長です。デイリーワイン（もともとヴァン　ナチュールはデイリーワインとしてつくられているものが多いのです）としてお値段も控えめなセレクトは買う側としては大変助かります。ですが、そのセレクトはとても大変だそうで……。

　古くからの町並みに合わせた、岡田さんのお店「Cave de Mimi」はどこか無理をせず、洗い晒しのデニムのように、昔からここにあったのではないか、と思わせる佇まいがあります。元々あったものを上手に残して、ご自身で内装も手がけたとおっしゃいます。その風情はパリの古い町並みを彷彿とさせます。パリにあるヴァン ナチュールのお店「LA CAVE DES PAPILLES（ラ カーブ デ パピーユ）」の雰囲氣とも似ているといったら大袈裟かもしれませんが、空氣感

はなんとなく思い出させるものがあるのです。

　そんな岡田さんの店には岡田さんの話を聴きたいワイン好きやご近所から今日のワインを選んでほしいという方がひっきりなしに訪れます。

　ご自宅用のワインを買うだけではなく、もうひとつの楽しみがあります。それは有料試飲です。ワインバーでは高くて飲めないワインがここではお手頃価格で飲めるのです。この有料試飲のために訪れる人も後を絶ちません。小さなテーブルに立って、一杯ごとの感想を言い合ったりしているとすぐに知らないもの同士が仲良くなります。そんなお店です。

　やがて陽が落ちてくるとお店の明かりが灯ります。

ワインの香りに満ちたお店の中で、ワインを愉しむ。それは飲むということよりも香りや味を比べたり、嗜むという行為に思えてきます。だから、ここは居酒屋でもないし、ワインバーでもありません。おつまみも置いていませんし、持ち込みもダメです。

　どことなく大学の文化系のサークルにも似ていて。

　先ほど、ヴァン ナチュールは自分の好みをわかってくださるワインショップの方に選んでいただくのが一番良い、と書かせていただきましたが、岡田さんはぼくの中で三本の指に入る方だと思って、よくワインを選んでいただいています。

　少し注意をさせていただくと、ときにヴァン ナチュールは還元

臭といわれる香りがします。それは土の香りだったり、草の香り、堆肥の香りやセメダインのような香りがしたり、本格的な造り手のワインの中には強めの堆肥の香り（牛舎の香りともいわれます）がするものがあります。これはヴァン ナチュール以外のものをあえて「普通」と称するとして、普通のワインの常識としては「品質不良」のレッテルが貼られることもあるそうです。ですが、ヴァン ナチュール好きとしてはこの還元臭こそが楽しみのひとつでもあるのです。ぼくも好きです。

余談ですが、「好き」と「嫌い」があるって「自由」の証だと思いませんか？

そんな好みはボトルに書いてあることだけではなかなか分かりません。ですが、岡田さんたちのようにたくさんのワインを試飲されている方は、その選別や方向性を導いてくださると思います。ワインショップの正しい利用の仕方だと思っています。

初台スーパーの雰囲氣を壊すことなく、むしろ馴染んでいるのに、ワインの流行でもあるヴァン ナチュールを置かれて、まるで昔のパリのカフェ「SELECT（多くの画家や文豪が集ったといわれます）」のようなサロンに集うお店でもあります。古くて新しいことがきちんとできているのは、岡田さんのお店づくりに丁寧な暮らしの一部を見ている氣がするからでしょうか？

Fermeture de
ce mois
Dimanche
Cave de Mimi

量り売りで
お味噌を買うお店が
都庁のお膝元、
西新宿にありました。

散歩って大事なことだなぁ、と常々思っています。自転車に乗るのも好きですが、最近はできるだけ歩こうと思っています。みなさんがご存知かどうかはわかりませんが、「トマソン」というのが好きで、それは「路上観察」あってこそ観ること、見つけることができます。愛すべき未完成といいますか、残された無用の美とでもいいましょうか、役目を剥ぎ取られた残留物とでもいいましょうか……。

「トマソン」は「超芸術トマソン」ともいわれ、かつて流行った、サブカルチャーの街歩きの楽しみ方。言葉では通じないと思いますので、良かったら、北原のインスタ(@torukitahara)をご覧ください。割と頻繁に上げています。

車に乗っているとわからないこと、見つからないことはたくさんあると思います。自転車でも見つけにくいものも歩いていると見つけられることはよくあることです。

知っているところを目がけて行くお店も目的がはっきりしているので良いと思いますが、知らない町を歩いて、氣になるお店に入ってみるのもどこか豊かな氣がするのはぼくだけでしょうか？　初めて入るお店への期待と緊張感、そして、外観だけで入ってみるときの自分の嗅覚というか、第六感を試す感覚、嫌いじゃありません。

散歩をしていると自分では不思議に感じるものやことにあたることもしばしばです。以前から(実は子どものころから)た

まに通っている道で、好きな道があります。それは新宿の西側にある道で「十二社通り」という道です。これで「じゅうにそうどおり」と読みます。不思議なのは「社」という字を「そう」と読むことで、辞書を調べても「社」を「そう」と読むことはありません。これは感覚的なもので、あてにしてほしくはないのですが、「社」を「壮」や「荘」などの字と間違えて読んでしまってそれが通称化したのではないでしょうか？　と思って少し調べてみると「十二所神社」という名称が見つかるので、もしかしたら「じゅうにしょ」が読みにくく、「じゅうにそう」と呼ばれるようになったのかもしれません。中には「相」「双」などをあてた文献もあるようです。言語にはコンタミネーションが起こることがあります。たとえば、「やぶる」と「さく」から「やぶく」ができたりするのもコンタミネーションです。ちょっとした間違いや読みやすさ、音の出しやすさから新しい言葉が生まれて、それが主流になることも少なくはありません。

話がそれましたが、この十二社通りが好きで、たまに歩きます。新宿の都庁の真下みたいな場所ですが、昔の匂いが未だ残っている場所でもあります。そこでずっと氣になっていたのが、この「むつみや」です。

すっきりとした空間にいくつものお味噌が並んでいて、いつかここでお味噌を蚊行ってみようと思いつつ、そう思ってから七年以上が経ってしまいました。ですが、

量り売りで「信州 手作り」味噌を買ってみました。レトロなレジスターは、いまも現役だったのです！

「This」をつくって、ここは取材してみようとずっと狙っていました。今回、十二社通りと一緒に取材ができてとても嬉しかったです。

「むつみや」は今では珍しいお味噌を量り売りするお店です。都内にはまだ数軒あるようです。新井薬師、三軒茶屋、五反田、亀戸など調べてみてください。スーパーなどではすでに五百グラム、七百五十グラム、一キログラムなどの定量になって売っていますが、それでも四十年くらいまでは近所の乾物屋さんの隅っこにお味噌の樽が置いてあって、量り売りをしていただいた記憶のある方も多いと思います。

　大繁盛のころの「むつみや」さんには、お店に味噌が入荷する日はいつも行列ができるほどで、団地などに何十キロも運んで行くとそこでも列ができたそうです。

　お得意さんも西は富ヶ谷から東は四谷あたりまでいらっしゃったそうで、ぼくの生まれた東中野のあたりもお得意さんがいたそうです。我が家は近所の乾物屋さんでしたが。

　お得意さんに御用聞きをするのではなく、だいたいこのくらいで味噌がなくなるな、と思うと必要な量を持っていくと喜んでくれたそうです。とても昭和な人間関係だったのでしょう。

　昭和二十四年に「むつみや」は開業します。戦後、味噌醤油の統制がなくなったのがきっかけだったようです。七十五年近い歴史！　とはいえ、近くには創業百年を越す酒屋もあるので、この十二社通りが、いかに歴史があるかがわかります。

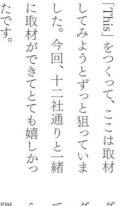

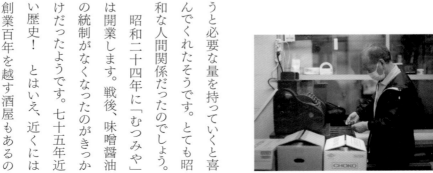

最近でもお味噌の需要はあって、常連さんも多いので、やめられないそうです。

お味噌の知識も随分変化したのが難しいそうです。お味噌はつくったばかりは白い味噌も多いのですが(中には最初から赤い味噌もあります)、時間が経って室温発酵が進むと赤茶色に変化します。それは品質が悪くなっているのではありません。賞味期限は現在は六ヶ月になっていますが、味噌は一年、二年、三年と発酵が進み、より「旨味」を増してきます。食べごろは人それぞれの好みにもなるといいます。というのは熟成の若いのを好む人もいれば、しっかり寝て熟成されたものが好きな人もいます。だから、好みはご自身で見つけるのが良いようです。

いろんなお味噌が並んでいることもとても大事なことだと思います。蓋を開けてもらって(お店の方にお願いしました)香りを嗅ぐとそれぞれのお味噌ごとに違う香りを楽しめます。好きな香りのお味噌を「選べる」ことも大切なことだと思います。

量り売りは自分の食べられる量だけ買って帰るので、無駄もなく、昨今いわれている「食ロス」をなくすためにもとても良い売り方だと思います。なくって行くのが悲しいですね。

そんなお味噌の文化を守ってきたのが「むつみや」さん。古くて新しい場所だと思いませんか?

土曜日のお店の開店に合わせて、お味噌の表面を綺麗に山のように整えます。土曜日のお散歩の見どころかもしれません。

※次号では「十二社どおり」のことをご紹介しようと思います。

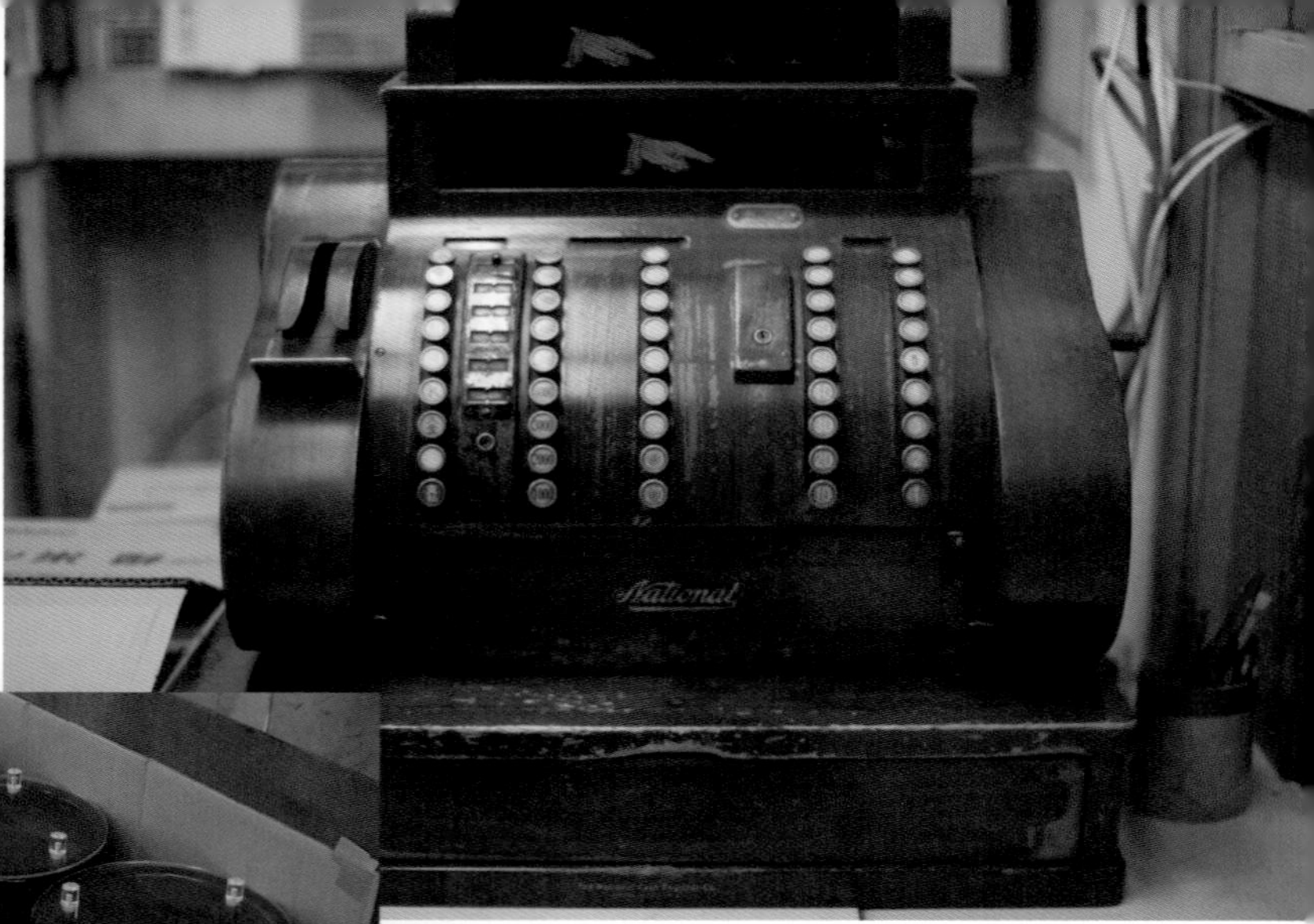

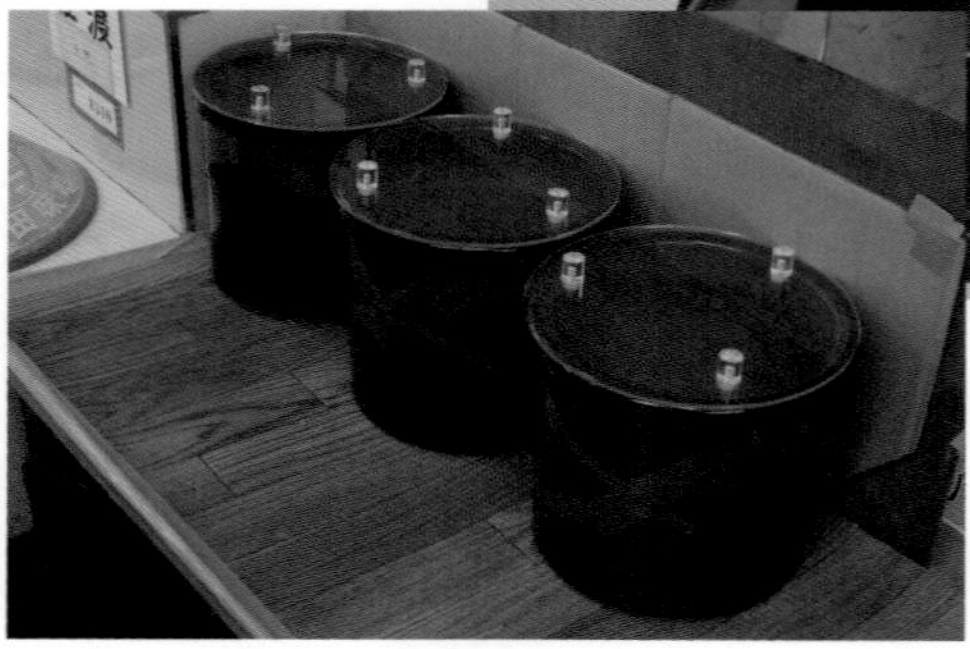

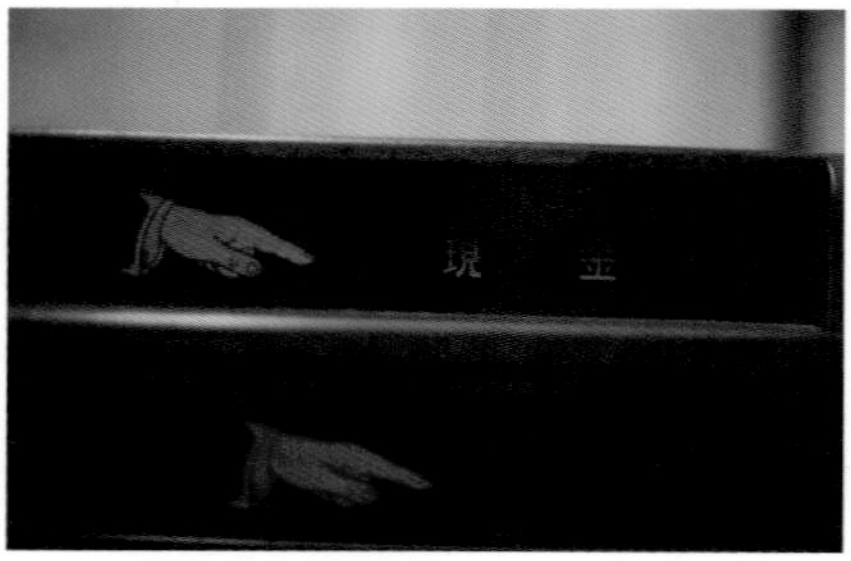

むつみやさんにあった、
レトロなもの図鑑。

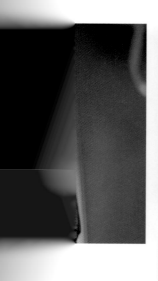

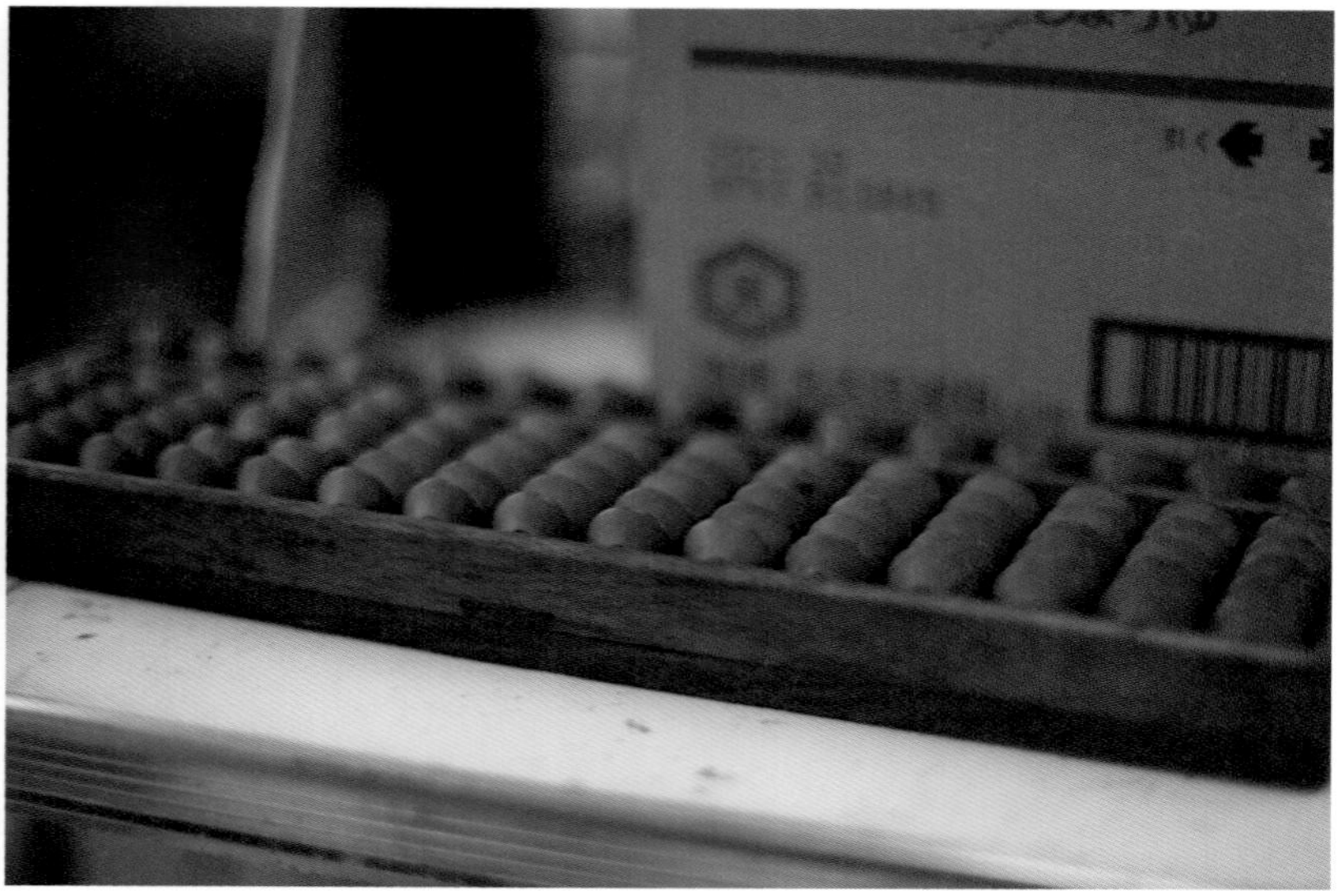

6000
5000
4000
3000
2000

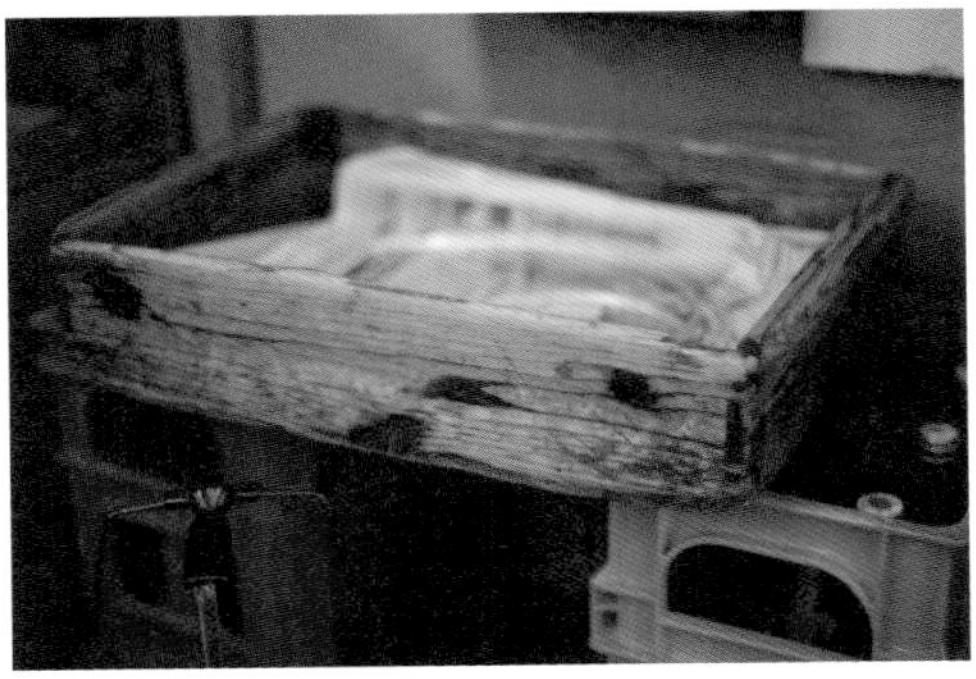

塩小賣所
塩小賣人
営業所
信州
三井み
三井味噌
三井合名会社

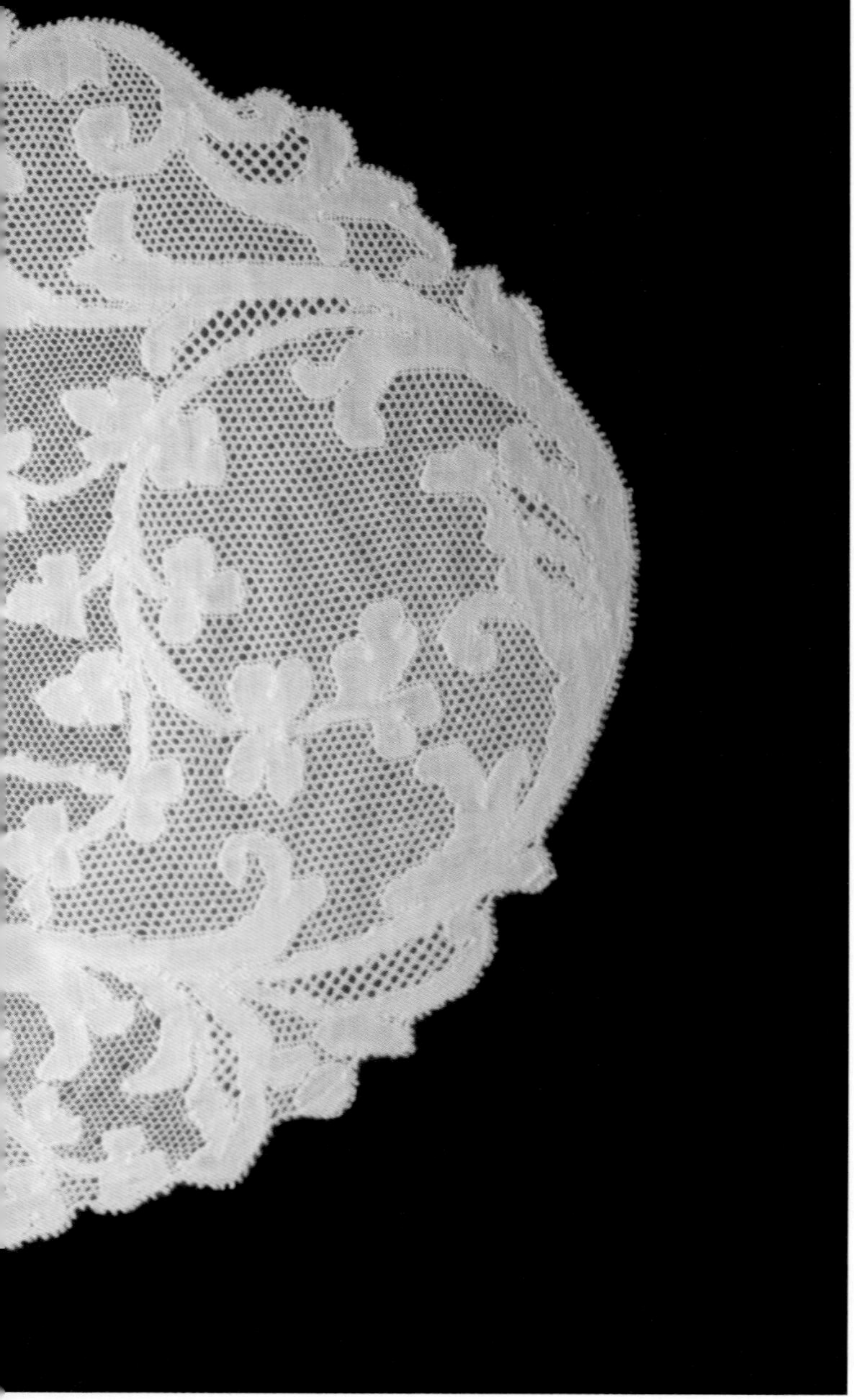

ダイアン・クライスさんに教えてもらう、「祈り」そして「War lace」の世界。

ミレーの晩鐘には、日常生活の努力の象徴性が非常に明確に描かれています。

一八五九年に、油絵「晩鐘」は、フランスの画家ジャン・フランソワ・ミレーによって描かれました。日本ではこの絵は「晩鐘」と呼ばれますが、西洋ではこの絵は「アンジェラス」（キリスト教で「お告げの祈り」、またはその時刻を知らせる「お告げの鐘」）として知られています。1のレースはその「晩鐘」をモチーフにしたものです。

この絵は、二人の農夫がアンジェラスの祈りを唱えています。それは一日の仕事の終わりを意味し、この絵画「アンジェラス」は、労働者の祈りを描いています。

アンジェラスはまた天使を意味します。神の化身への献身的な愛を表す礼拝の象徴です。

1. Banshō - 晩鐘Millet lace

アンジェラスの鐘を鳴らすことは、地球上のすべての人に善意と平和を広めるためのしるしです。

しかし、残念なことに、世界が常に平和であるとは限りません。

私の祖母は、戦争というこの困難な時期のことをある特別な方法で説明してくれたのです。

祖母は、ベルギーの人々が戦中と戦後に作った美しいレースを見せてくれました。これらのレースは War lace』と呼ばれます。『戦争のレース』です。

名前は悲しい時代を連想させますが、レースは何よりも「平和」を醸し出しています。戦時中からのレースは糸で描かれた歴史です。

祖母の写真は、彼女のレースショップの広告のはがきとして使われました。

家族は、困窮しているベルギーの人々のためにレースを売りたいと考えていました。利益の一部は、支援を必要としている多くの人々へ寄付されました。

レース職人としての祖母の才能は、戦争によって失われることはありませんでした。それは彼女の最強の所有物でした。

2. Original Photo as postcard from grandmother

彼女は強いメッセージを込めてレースをつくる勇気を持っていました。

戦争が終わったとき、いくつかの「War lace」が残りました。祖母は、レースを通して人々に戦争の残酷さと痛みを伝えるために、将来の証人としてこれらを保存しました。

彼女は、これらの「War lace」は絶望の足跡であると同時に、この世界の平和への希望の糸でもあると言いました。

一九一四年に第一次世界大戦が始まったとき、ベルギーの人に多くの悲劇が起こりました。

レースはベルギーの人々の主な収入のひとつでした。戦争が勃発したとき、ベルギーでは、凡そ五万人の女性がレースづくりで自分自身とその家族を支え、戦争が勃発したとき、兵士たちは亜麻と小麦が育っていた畑を破壊しました。レース職人を取り巻く環境が変わりました。

人生の糸は断ち切られてしまったのです。

母親はどのようにして子供たちに食べ物を与えることができるでしょうか？

窮地に立たされているレース職人たちを支援するために、組織「レース委員会」がベルギー女王後援の下に設立されました。

この組織は、最も重要な問題、つまりレース職人のための糸の供給と、家族の毎日のパンのための小麦粉の供給を解決しようとしました。

レース委員会は、アメリカ大統領であるウィルソン大統領に支援を求めました。大統領はハーバート・フーヴァー氏が担当するよう指示しました。フーヴァー氏は、多くのベルギー人が飢えていることを本当に理解していたので、この膨大な仕事を引き受けました。

フーヴァーはすぐに、ベルギーの子どもたちのために個人口座から二万五千ドルを提示しました。フーヴァー自身は孤児でした。彼は、ベルギーの子どもたちの窮状に特に心を動かされました。彼の目標は、子どもたちの涙を乾かすことではなく、彼らの笑顔を維持することでした。

最大の問題のひとつは、食糧の確保でした。

フーヴァーは、アメリカ人に食料を無駄にするのではなく、食料を必要としている国に送るように勧めました。彼のスローガンは、

Food will win the war, don't waste it.

でした。

確かに、飢餓において創造するためのエネルギーを持っていません。レース職人は、経済的な支援としてだけでなく、精神的な励ましとしてもレースをつくる必要がありました。

もうひとつの大きな問題は、レースをつくるための糸が不足していたことです。糸を輸入しなければなりませんでしたが、買うお金がなく、しかもベルギーの国境は占領されました。

フーヴァーは、レース職人に糸を供給する仕事も引き受けました。おかげで多くの船がヨーロッパに到着し、レース職人のために綿を運びました。その結果、彼らは再び働き始めることができました。

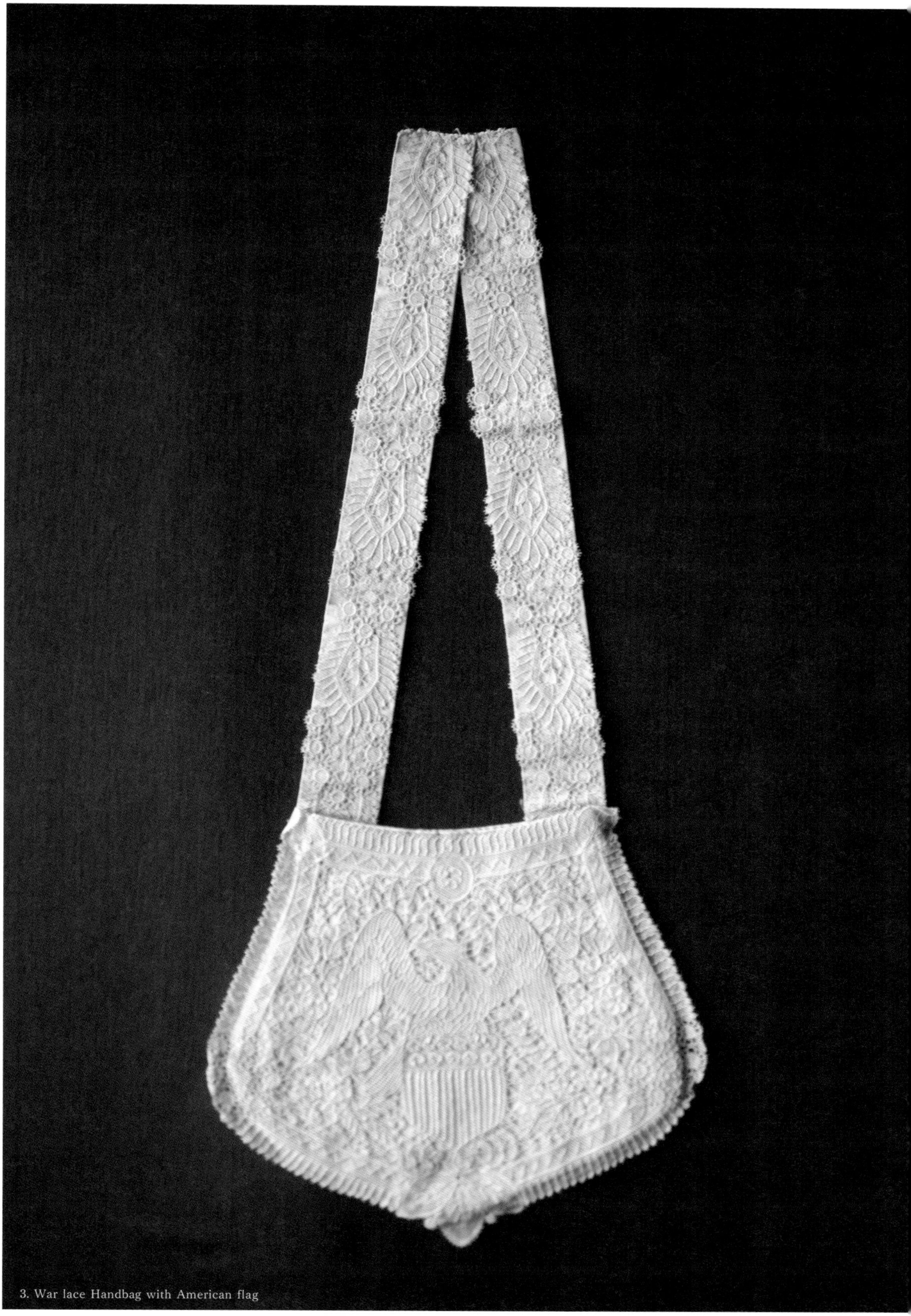
3. War lace Handbag with American flag

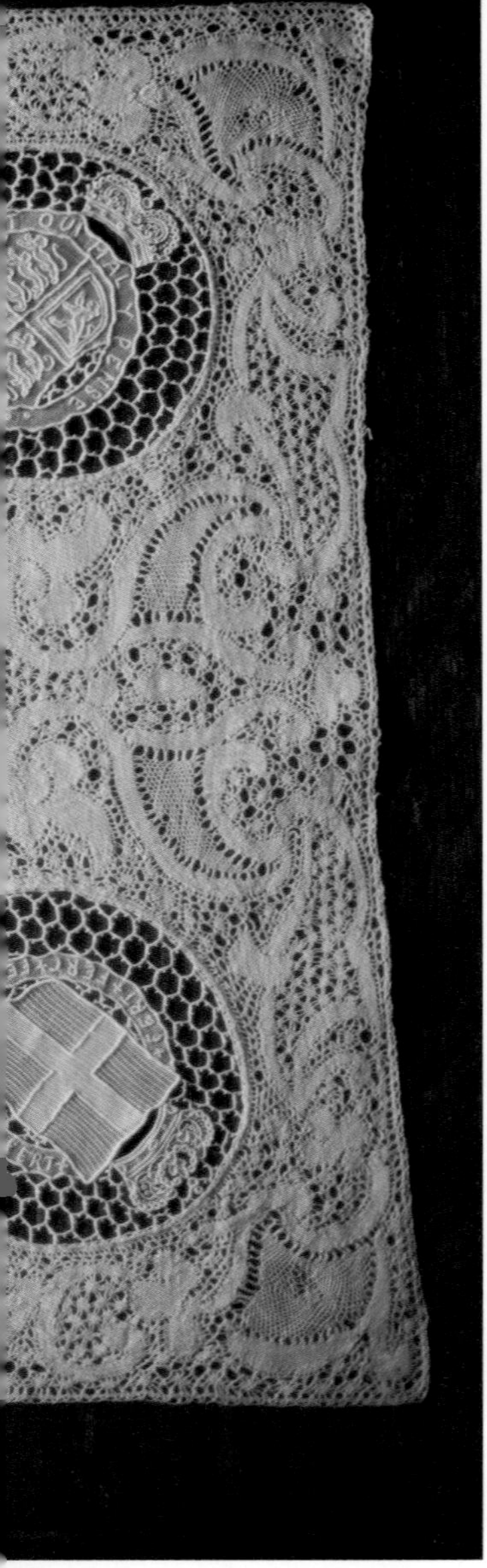

彼らは美しいレースを主にアメリカに売って、家族のための収入を得ることができました。ベルギーのレース職人は、レースが他国に輸出されるようになったことを非常に喜びました。

3のブリュッセル　デュッシェスレースのハンドバッグのような美しいレースは、アメリカへの感謝の贈り物として送られました。

レース職人がレースの輸出を維持しただけでなく、彼らの国を外の世界と再び結びつけました。船がアメリカに戻ったとき、ベルギーのレースと子どもたちの手紙も運んで来ました。

一億五百万人のアメリカ人に手紙を書いた子どもたちの勇気を考えてみてください！　手紙には、母親が再び家族を扶養していることへの感謝の気持ちが込められていました。これらの手紙のいくつかは博物館に保管されています。

カリフォルニアのスタンフォード大学にあるフーヴァー研究所のアーカイブでメモの一部を見ることができました。

たとえば、

「親愛なるアメリカ人、僕はベルギーの男の子で、あなた方の言語を話すことはあんまりできませんが、母に糸を渡してくれてありがとうと言いたいです。今、彼女は再びレースを作ることができ、私はパンを食べることができます。そして僕は立派な大人になります」

その手紙は、目の前にある飢饉への恐怖と不安を明らかに示していました。

戦時中でさえ、レース職人のエネルギーはほぼ無限でした。彼女らの素直で真摯な気持ちが、見事なレースとして紡がれていきました。これらの美しいレースは、愛され大切にされる場所へと運ばれて行ったのです。戦火においても製作され続けたこれらの意味のあるレースに世界中から注文が相次いで来ました。「War lace」はベルギーのレースを世界に広めることになりました。そして、王族や貴族も「War lace」を手に入れることを望みました。

4はベルギー王室のためにつくられたレースです。ベルギーの紋章があります。このレースのメッセージは「団結は力なり」です。ライオンはベルギーのシンボル、雄鶏はフランスを指し、ユニコーンはイギリスを代表し、クマはロシアを表していました。これらのシンボルは同盟国を表しています。連合国の紋章は、「War lace」のデザインのレパートリーの代表的なものひとつでした。

明らかにレースは、当時の人々に染み込んでいた愛国心と戦争熱に抗しがたい魅力を与えました。レース委員会は、高品質のデザインを入手することを切望していました。この目的のために、彼らは当時の著名な芸術家の奉仕を求めました。

戦前、有名なアーティストによるレースのデザインは非常に高価でした。戦争中、アーティストにとってお金は最も重要な問題ではありませんでした。彼らの野心は、人々の気持ちをレースのデザインに変換することでした。

5のレースのデザインは、裏面に「ベニスのレースのテーブルクロスと刺繍」と題されたプロジェクトのためのものです。ベージュ色の紙に白いグワッシュ絵具で

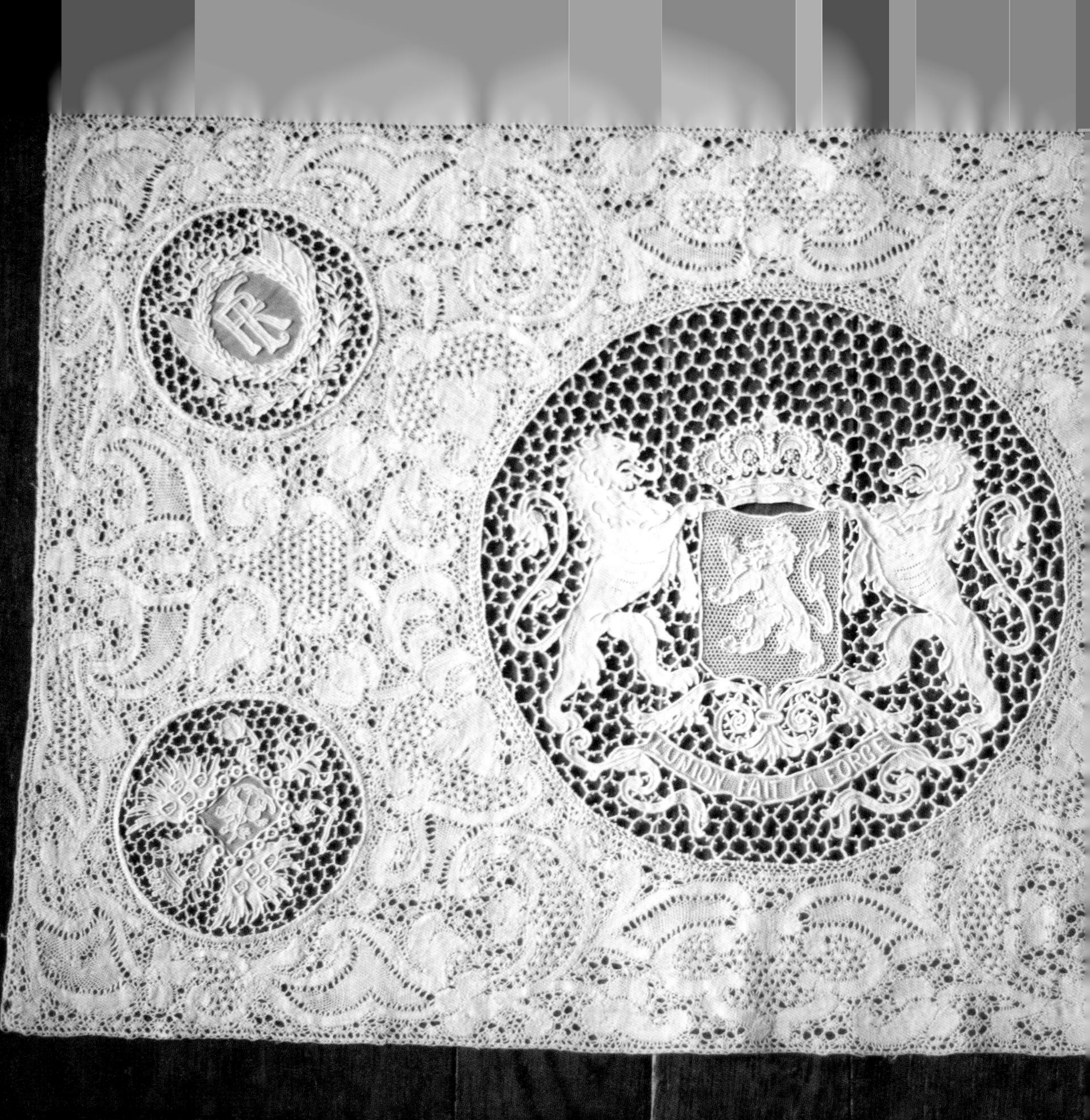

4. the tablecloth as 'War Lace

グリザイユ技法で描かれています。(ジュール・エヴァリスト・ド・パエペの署名入り)ジュール・エヴァリスト・ド・パエペは「ブリュッセルの画家」として知られています。彼は刺繍とレースの製図工でした。アーティストは絵画を図案化する才能がありました。デザインは装飾的で独創的であるだけでなく、興味深いことに、そのデザインは当時のその時代にぴったりのシンボルといえるものが描かれています。

パエペは、第一次世界大戦の感情と情熱を反映することを目的として、このアートワークを作成しました。デザインは貴族からの注文でした。 このようにして、貴族はボランティア組織「レース委員会」を支援したいと考えました。後援者としてこの組織は多くのベルギーのレース職人たちの問題を解決するための多大な努力をしました。

このプロジェクトの象徴的な新古典主義の装飾は、テーブルクロスを「War lace」に分類します。隅に立っている兵士は神話の軍神マルスです。彼は戦争の残酷さと戦いを表しています。

5. Project for a tablecloth in Point de Venise needlepoint lace 1914-18　Gouache on paper, Jules Evariste De Paepe (1887-1968)

兵士の後ろには女神ミセリア（オイジュス）がいます。彼女は戦争の悲惨さを代表しています。

彼女のラテン語の名前はミセリアで、英語のミザリー（悲惨）という言葉の由来です。

カップルの上のメダリオンは、ジュピター神の頭を示しています。彼は法、秩序、正義を代表しています。

小さな天使たちがたくさんのパッションフルーツを持っています。天使たちは、困難な時期に人々を守り、世話をします。

このデザインは、ポワン・ド・ヴェニーズのニードルポイントレースの典型的な表現を力強く説明しています。ベルギーのニードルポイント工房は素晴らしいレースを生み出しました。パエペは、このテーブルクロスの作成に専念することで、自分の国とその国民の関心事を自分自身に背負わせました。その功績は、彼にレオポルドII世勲章でナイトとして授与されました。

高く評価されているベルギーのアーティストは、第一次世界大戦中に優れたデザインを作成するスキルを提供しました。

6の扇子の扇面のデザイナーはアドルフ・ピュイサンです。レースの日付は一九一六年です。

ピュイサン(1878–1950)は、ベルギーの建築家です。ピュイサンは、世界的に有名なアール・ヌーヴォーの建築家ヴィクトール・オルタの同僚でした。ピュイサンは、このレースの扇子の扇面のデザインでレース委員会に貢献しました。

この扇子のレースはベルギー国王アルベールI世&エリザベスI世王妃に捧げられ ています。第一次世界大戦中に国王と王妃がベルギーの何万人ものレース職人の運命のために行なった多大な努力と無私の援助に対する感謝の贈り物としてつくられています。

孔雀はベルギーの人々の誇りと希望を象徴しています。

7の「War lace」のデザイナーは不明ですが、祖母がこの「War lace」をつくりました。元のパターンは家族によってレースと一緒に保管されていました。

家族から次のような話を聞きました。

「戦争中、アントワープとその地域の人々は、自国の支援のために非常に積極的でした。彼らは愛国的な感情を「War lace」作りで表現しようとしました。〝私の故郷を一番愛しています〟というメッセージを含んでいます」ということでした。

風車は、フランダースのその地域の一般的な風景でした。私の祖父は風車で生まれ育ちまったのです。

レースの技法はポワン・ド・リールと呼ばれます。このタイプのレースボーダーは、主にオランダへの輸出用につくられました。オランダの人々は車のボンネットをレースで飾るのがお気に入りでした。ボンネットのレースの長さは一エルと呼ばれていました。ひとつのエルは69cmです。ただし、このレースのサイズは29cmしかなくエルの約半分です。戦時中だったので、人々はぜいたく品を節約したので、完全なエルを使わず、半分だけ購入した人もいました。

ワシントンDCのスミソニアン博物館にも同様のレースがあります。祖母がレースをつくったと説明があります。キュレーターは、このレースの起源を発見して非常に喜んでいました。そのキュレーターからこんなコメントをいただきました。「ダイアン、あなたは明らかに「あなたの血にレースがある」レースへの愛と知識を受け継いでいることは、本当に素晴らしいことです」と。

ところで、スミソニアン博物館には素晴らしい日本製のホニトンレースが展示されています。これらのレースは、十九世紀末に横浜のレース学校でつくられました。

戦時中の織物は糸で綴られた歴史です。

レース職人は、最も複雑に見えるレースを作ります。私たちにはどうやってつくったのか不思議に見えますが、熟練したレース職人にとって、パターンと織り方は非常に簡単です。

「私たちの人生はレースのようなものです。信じられないほど複雑で混乱しているように見えるあなたの人生は、あなた自身にとって意味のあるものでな

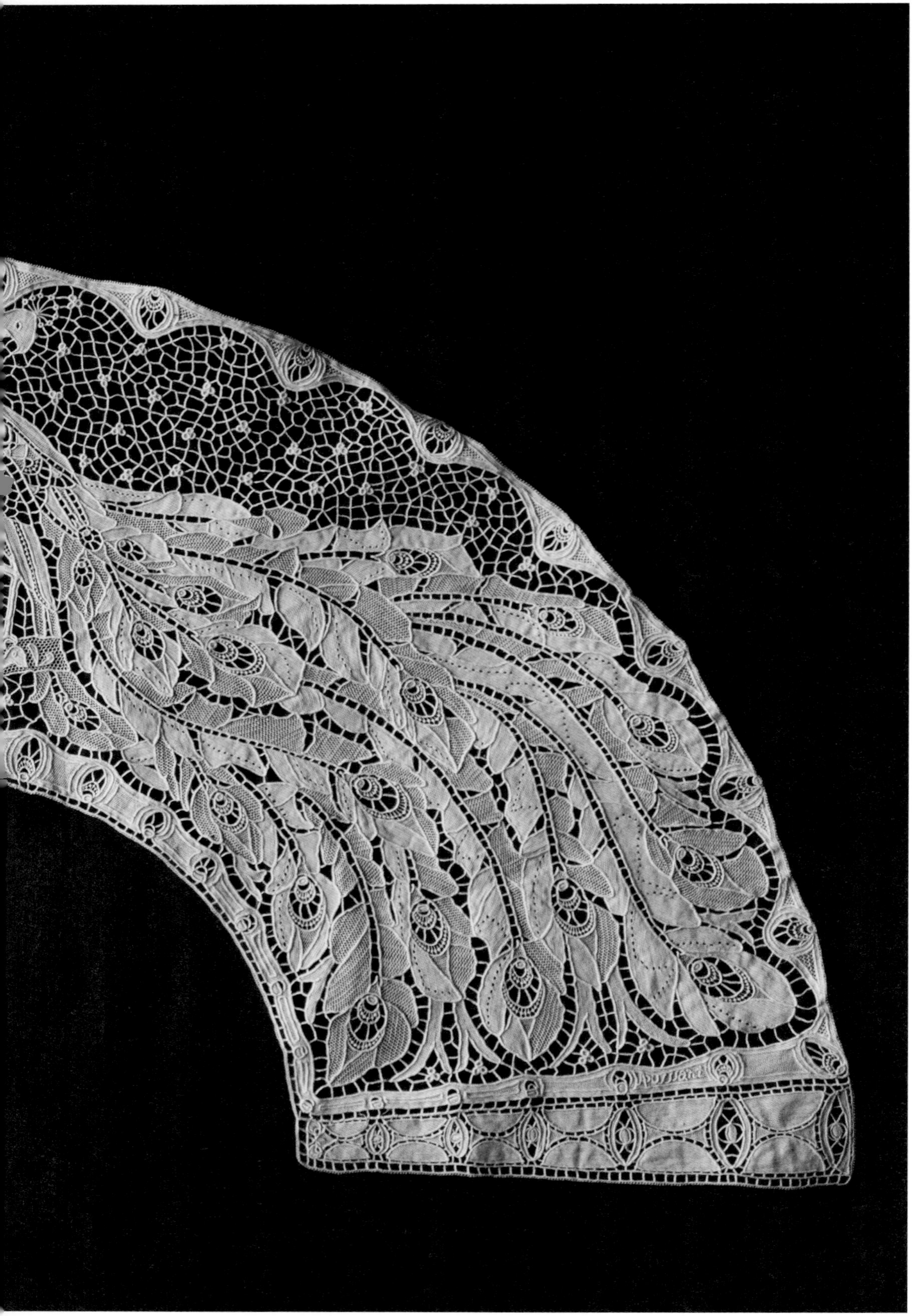

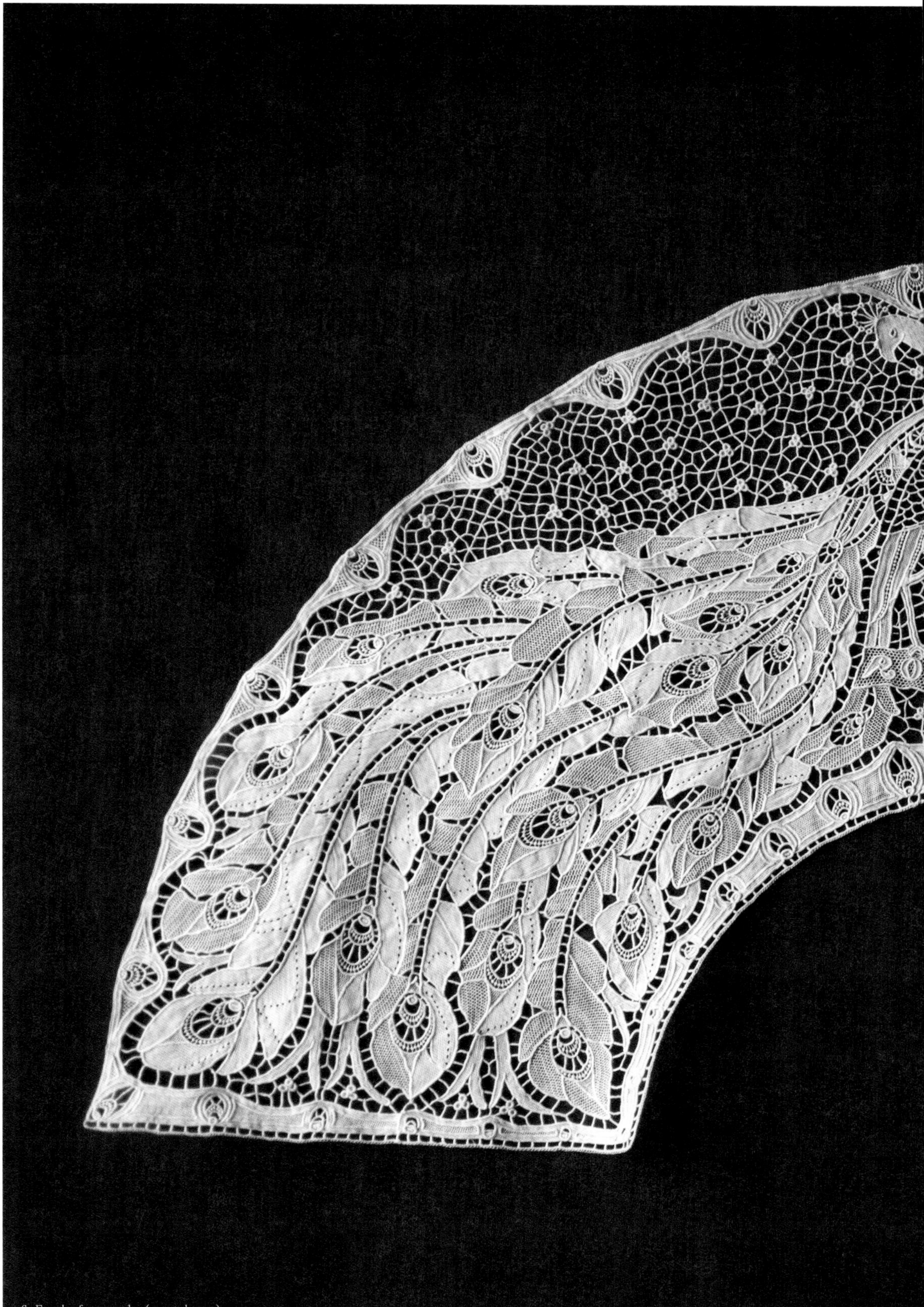

6. Fan leaf peacocks (+ catalogue)

7. Lace Mail No. 17 Original lace with pattern

ければなりません」

これは、永井隆（1908–1951）が著書に書いた言葉です。永井先生は、放射線医学を専門とする日本の医学博士であり、作家であり、長崎の原爆の生存者でもありました。永井先生の言葉を正しく理解すれば、平和は自分たちの環境から始まるということです。一人一人が平和に手を差し伸べる努力をすれば、この世界に平和を得るチャンスがあります。

進歩は、先祖を考慮せずに先を見据えることだけに基づくことはできません。岡本太郎は「人間の進歩は技術の進歩を超える」と言いました。言い換えれば、人間の進歩は物質的なものではなく精神的なものであるということです。岡本太郎は一九七〇年の大阪万博の太陽の塔を設計したのです。そのモットーは「人類の進歩と調和」でした。

世界中の人々が平和を願っています。しかし、特に日本は、世界平和を促進するプロセスにおいて、途方もない活力と忍耐力を持って取り組んでいる国であることを認めなければなりません。

平和への願いは、日本古来の書物である日本書紀（七二〇年）にすでに記されています。

「言葉の力で世界に平和をもたらす」

後に、この古いことわざは、ハムレット、ナポレオンによって使用されました。

また、福沢諭吉は「ペンは剣よりも強し」と残しています。福沢のような偉人の思想や言葉は世界に広めるべきだと思います。このようにして、人々は平和が直接の環境にあることを認識しなければなりません。

「天は人の上に人を造らず」といった福沢は、自由、平等、人権の重要性を説きました。

言葉には力があります。それらの意味は、私たちの信念を形成し、行動を駆り立て、最終的には私たちの世界を創造する認識を結晶化します。

でも戦時中は、個人的な感情を言葉で表現することは禁じられていました。ベルギーのレース職人たちは、自分たちの言葉をレースに込めました。レースの持つ内容や表現の多様化は、新たな創造の可能性を秘めています。

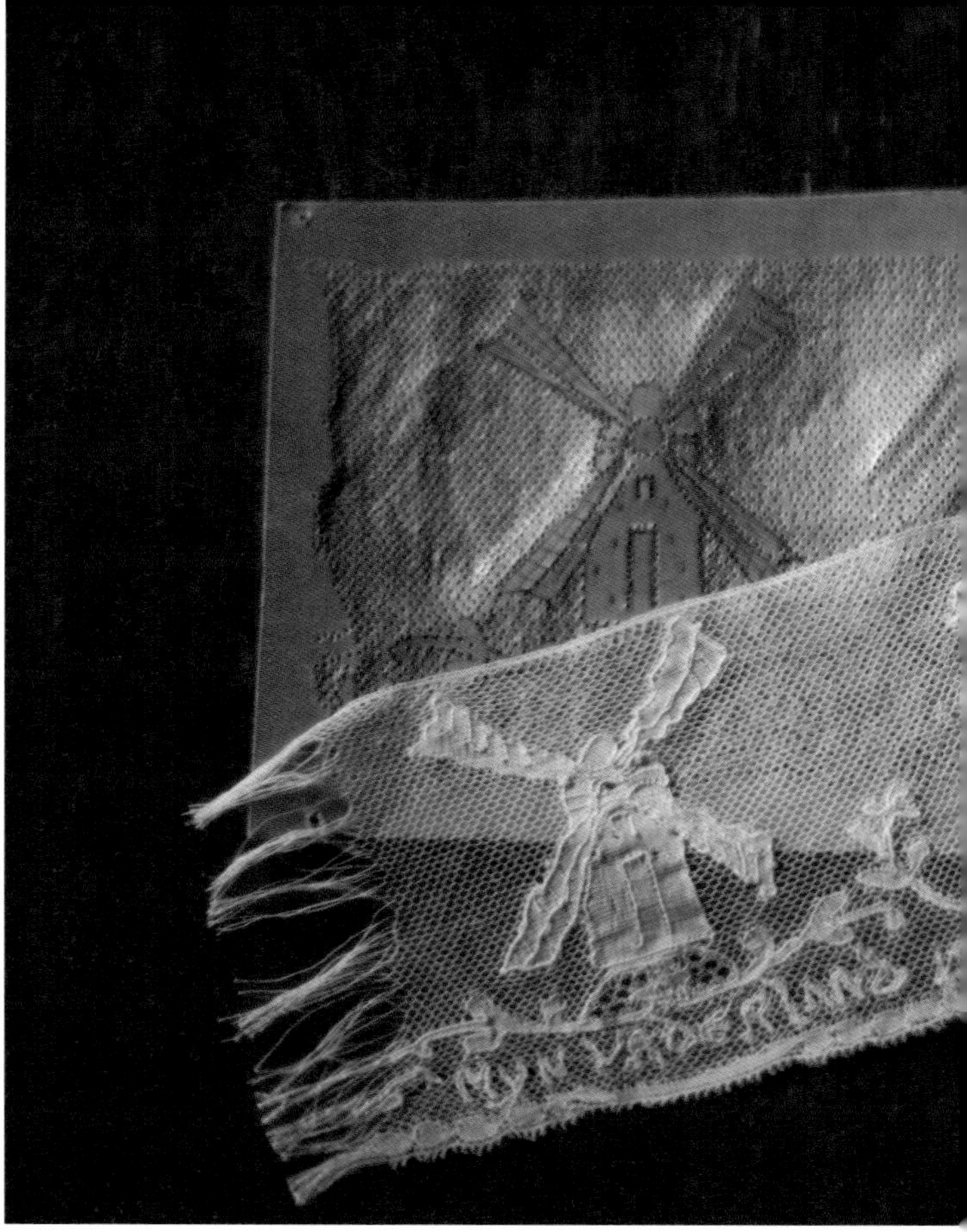

ダイアン・クライスさん　1954年12月5日、ベルギー・アントワープ生まれ。アンティーク・レース鑑定家、コレクター。　レース職人でコレクターだった祖母の膨大なレースコレクションに囲まれて育つ。子どものころから祖母のコレクションの制作年代や時代背景などを調べることが好きだったが、より正確な鑑定をするために1980年から85年まで、世界有数のアンティーク・レースコレクションを持つロンドンのヴィクトリア＆アルバート美術館で学ぶ。2005年日本国際博覧会（愛知万博）でのベルギー館とアンティークレースのプロデュースを機に日本に移住。以来、日本を拠点にアンティーク・レースの収集、研究、講演を行なう。

レースは西洋社会に限定されたものではありません。レースは日本の文化的本質の中でもはぐくまれてきました。急速に進化する形でさえ、日本はその伝統的な価値観の中で日本の文化とともに発展させてきたのです。

ヨーロッパのレースのデザインは、日常のファッションにおける日本の誇りとアイデンティティの新しい源となりました。季節の鑑賞、工芸品の製造への誇り、贈答の実践などの文化的側面はすべて、日本独自のレースデザインのディテールに反映されています。日本は素晴らしいデザインの才能を持つ国です。デザインの力は、日本人の心の中にある独特の感性と洗練された感覚から生まれます。

人はそれぞれ、生まれながらに「真の心」を持っています。（本居 宣長）日本では「真心」と呼ばれています。「こころ」は「心臓の鼓動」を表現するための言葉です。古代日本文学が持つ忠実な表現といって良いでしょう。

言葉にできないほど大きな人生経験、その感情はアートに反映されます。芸術作品では、自分の魂を発見することができます。芸術がなければ、現実の粗雑さは世界を耐え難いものにするでしょう。

レースもまた芸術です。

見れば見るほど多くがわかる。

知れば知るほど、自分の知識がいかに少ないかを理解できます。

日本にはお盆があります。日本で行われる祖先の霊を祀る行事です。子供は命を失ってしまった後でさえも、精霊に姿を変えて平和を願ってあなたの家のドアを叩くのです。子どもたちは平和の使者なのです。

平和は、この世界ではまだ非常に小さいです。平和はレースの型紙にあるピンホールのように小さいと言えるでしょう。しかし、多くのピンホールが素敵なデザインになります。私たち一人一人が自分の小さな世界を平和にすることで、最終的には世界平和に到達することができます。

平和への願いは、決して消えることのない祈りです。

編集後記

「崖っぷち」という言葉。ギリギリの状態を表すのにも使う言葉。「崖っぷちに立たされると人は何をするかわからない」などという文脈でも使う最早一歩も引けない状況。そんな崖っぷちにカフェが逗子にあると聞いていました。しかも、雨の日や風の強い日など、悪天候だとお店を開かないという幾つかの単語から、荒屋（アバラヤ）のような建物がまさに崖っぷちに心もとなげに建っているお店……。なんともすごそうな店かもしれない、と思って平尾さんと伊島さんに連れて行っていただきました。

予想とは相当かけ離れていて、崖っぷちという言葉当たっているのですが、むしろ崖っぷちにあるから、大パノラマで海が見えて、なんとも氣持ちが良いのです。裏表紙の海の写真はここから撮らせていただいたものです。

お店の名前は「surfers」。カリフォルニアにでも来たか!? と思うような空間です。アメリカンな空間でビールを飲んでいるとまるで別世界に来たみたいです。とはいえ、崖っぷちの荒屋だったら、それも楽しかったのではないか、とは思っています。

なんでも言葉から想像してはいけないなぁ、と思った午後でした。

今回、「氣」という文字を使わせていただきました。中に「米」があります。日本人のパワーが米からいただいているというお話を聞いたからです。ぼく自身がお米が好きで、一日の力の源になっていると思っているからです。お氣に召さなかったら、ごめんなさい。

「This」はまだ不定期刊行で、ご迷惑をおかけしております。
発売の情報などはインスタグラム@this0515をご覧いただけると幸いです。よろしくお願い申し上げます。

「This」のバックナンバー ファッション誌「PLEASE」 好評発売中！

お近くの書店、Amazonなどでご注文ください。

his 3
023年6月10日発行
編集発行人　北原徹
第二巻第二号（通算第三号）

発行 株式会社 PLEASE
www.please-tokyo.com

直取引代行
トランスビュー

ISBN978-4-908722-24-0

C0076 ¥1000E

定価：1100円　（本体1000円＋税）

9784908722240

1920076010002

いとちりの防災教育にGIS

伊藤 智章 著

自然災害にそなえる地図の見方・作り方

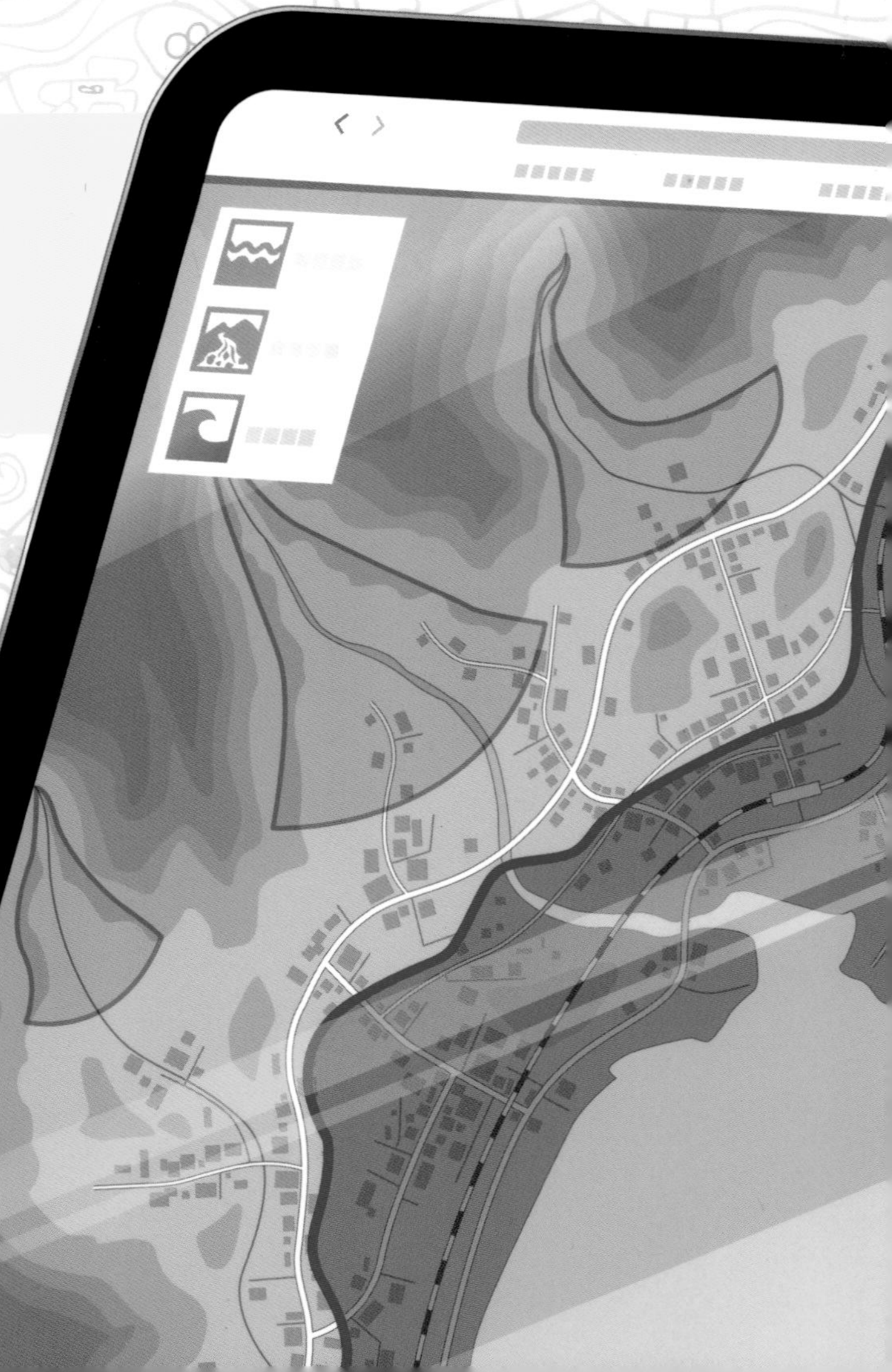

身近な災害リスクと
地域の課題を考える
ハザードマップを作る

日本全国の事例から
災害の教訓と
先人の知恵を学ぶ

二宮書店